Ralf Felix Siebler

Heim will!

Argumente für die unverkürzte Elternschaft

ISBN 978-3-941527-19-5
1. Auflage Oktober 2013

Infos zum Buch:

http://heim-will.de

Korrektorat und Gestaltung:
Tanja Fürstenberg
schreibfluesse.de

Umschlagbild:
Birgit Schössow
birgit-schoessow.de

Autorenportrait:
Carina Siebler

Verlagsinfo:

http://booksun.de

Inhalt

Autor Ralf Felix Siebler

Ralf Felix Siebler, geboren 1962 in München, verlebte eine unbeschwerte Kindheit in einem typischen „Nur-Hausfrauen"-Haushalt der sechziger Jahre. Schon früh begann er, den Leuten die Welt zu erklären. „Er weiß viel zu erzählen und gibt sich auch gerne etwas altklug", steht im Zeugnis der ersten Volksschulklasse.

Es folgte das Abitur, ein Studium der Kommunikationswissenschaften und der Psychologie, dann der Einstieg ins Berufsleben, als Redakteur einer Elektronik-Bastelzeitschrift. Als Chefredakteur und Projektleiter war Siebler lange Jahre in Sachen Unternehmenszeitschriften unterwegs, bevor er 2010 eine eigene Agentur gründete: Siebler kreativ.

Seitdem berät er Kunden bei ihrer Produkt- und Markenkommunikation und schreibt Fachartikel, mit denen er sich einen Namen gemacht hat – auch wenn die meisten seiner Publikationen das Label eines seiner Auftraggeber tragen. Siebler sieht sein erstes Buchprojekt „Heim will! - Argumente für die unverkürzte Elternschaft" ebenso als Neuanfang wie auch als konsequente Fortsetzung seiner bisherigen Arbeit: „Ich habe schon viele Konzepte und Ideen in Texte gefasst und damit vielen Kunden geholfen, ihre Ziele zu verwirklichen. Doch dieses Mal geht es um ein Thema, das mir selbst sehr am Herzen liegt. Es geht um Kinder in den ersten Lebensjahren – es geht um Kevin, wie er in diesem Buch stellvertretend heißt. Und dieser Kevin will nach Hause, davon bin ich überzeugt, – aber seine PR, die ist bis jetzt saumäßig. Daran möchte ich etwas ändern."

Und so begibt sich der „Untergiesinger Hinterhofgartler, Wochenendtiroler, Amateurmusiker und Welterklärer", wie er sich selbst augenzwinkernd nennt, auf neues Terrain, wo er seinen unverkennbaren Schreibstil und seine journalistischen Tugenden weiter erfolgreich einsetzt. Sorgfältig recherchiert, in bildhafter Sprache, mit viel Ironie gewürzt, bringt Siebler uns ein kontroverses Thema näher. Er verdeutlicht Hintergründe und Zusammenhänge und bezieht klar Stellung – für die Familie und gegen den Zeitgeist.

Zum Geleit

Angefangen hat diese Geschichte wohl schon im Sommer 1965. Mit viel Glück hatte ich drei Jahre zuvor meinen allerersten Oktober überlebt, als die Welt wegen einer kleinen Insel in der Karibik kurz vor dem nuklearen Inferno gestanden hatte. Das Wirtschaftswunder hatte Tritt gefasst. Man hatte wieder Geld. Ein Einkommen reichte für den Lebensunterhalt und für zwei Kinder, um die sich eine – wie es heute heißt – „Nur-Hausfrau" kümmerte. Das Geld reichte auch für ein Auto und einen Urlaub in Italien. An meinen allerersten Aufenthalt in Lido di Jesolo kann ich mich heute nicht mehr erinnern. In Lido di Jesolo war das Wetter immer schön – und der Strand recht voll. Da konnte man als kleines, zartes Bübchen schon einmal verloren gehen. Auch der keine Ralfi war plötzlich weg, haben mir meine Eltern erzählt. Unter den vielen Leuten hätten sie mich nicht mehr gesehen. Lange haben sie vergeblich nach mir gesucht. Gefunden haben sie mich erst, als es langsam Abend wurde. Die Badegäste gingen zurück ins Hotel, der Strand leerte sich – und übrig blieb das kleine, zarte, blonde Bübchen. Etwas verängstigt hätte ich schon dreingeschaut, erzählen alle, aber ich sei nicht ziellos umhergelaufen, sondern hätte geduldig gewartet, bis mich endlich einer holen kommt.

An das Erlebnis am Strand kann ich mich wie gesagt nicht mehr erinnern, wohl aber an das beruhigende Gefühl, dass da immer jemand ist, auf den man sich verlassen kann. Urvertrauen nennen die Experten das heute. Urvertrauen war es wohl auch, was mich viele Stunden ausharren ließ, bis man mich endlich wiedergefunden hatte. Keine Angst, ich erspare Ihnen meinen Lebenslauf. Nur so viel: Die Familie habe ich immer als sichere Basis erlebt, erst unbewusst, dann auch oft als Beschränkung, dann wieder als sicheren Hafen, in den ich mich in manch stürmischer Zeit zurückziehen konnte.

Und stürmisch ist es über die Jahre geworden, besonders für Familien. Wirtschaft, Finanzen und Politik haben ihren Einfluss kontinuierlich ausgedehnt – bis tief ins Private hinein. Ich habe erlebt, wie Kinder und Eltern sich immer weiter voneinander entfernten. Es war ein schleichender Prozess über Jahrzehnte. Länger und länger wurden die Zeiten, in denen Kinder von Fremden betreut wurden, immer kürzer die Zeiten, in denen man als Familie zusammenleben durfte.

Es war wohl die Debatte um den Rechtsanspruch auf U3-Betreuung und um das Betreuungsgeld, die mich schließlich ins Grübeln brachte, und es war der immer noch sehr enge Kontakt zu meiner mittlerweile sechzehn Jahre alten Tochter. Mit ihr gehe ich heute noch auf gemeinsame Reisen in die Fantasie, und wir schwelgen in Erinnerungen an eine glückliche Kindheit – glücklich für die Tochter und den Papa. Und so habe ich mit vielen Menschen über das Thema Kinderbetreuung gesprochen: mit Eltern, mit Pädagogen, mit Kinderreichen und Kinderlosen. Und ich habe angefangen, zu recherchieren, weil ich Journalist bin – und weil ich der Überzeugung bin, dass wir in der Familienpolitik in die falsche Richtung gehen.

Ja, das gibt es tatsächlich: jemand, der allen Ernstes der Ansicht ist, dass wir uns beim weiteren Ausbau der Kinderbetreuung auf dem Holzweg befinden, dass der Rechtsanspruch auf umfassende Fremdbetreuung von Kindern unter drei Jahren – ein Fehlanreiz ist. Na, der traut sich was, werden jetzt viele sagen. Und auch ich komme mir oft so vor, als wäre ich mit meiner Meinung ganz allein auf weiter Medienflur. Denn über kaum ein Thema scheint derzeit ein so umfassender Konsens zu bestehen wie über das Lebensmodell der lückenlosen Kinderbetreuung. In seltener Einigkeit wird von Linken wie von Industriellen, von Männern wie von Frauen, von Deutschen wie von Norwegern proklamiert, es sei das Beste für Vater, Mutter, Kind, wenn man sie so schnell und umfassend wie nur irgend möglich auseinandersozialisiert.

Beruf und Familie müssen miteinander vereinbar sein, heißt es da. Frauen brauchen einen Ausweg aus der „Familienfalle“. Sie dürfen den Anschluss im Beruf nicht verpassen, dasselbe gilt für die Männer. Nicht länger die Kooperation der Eheleute ist das Idealbild, sondern das Nebeneinander autarker Menschen. So ist denn auch die permanente „Hut-Suche“ eine der wichtigsten Beschäftigungen moderner Familienmenschen: Es gilt, Familie, Beruf und Karriere „unter einen Hut“ zu bringen.

Und der Hut scheint gefunden: Das Allheilmittel soll die flächendeckende Kinderbetreuung sein, so früh wie möglich, so umfassend wie möglich, so flexibel wie möglich, so lange wie möglich. Längst gibt es Betreuungseinrichtungen, die auch eine Übernachtung anbieten. Gerne wird das Idealbild einer Kinderkrippe gemalt, die bereits Teil des Bildungssystems ist, die auch Menschen mit Migrationshintergrund mühelos die Integration in die deutsche Gesellschaft ermöglicht.

Ich habe viel recherchiert – und ich habe vieles zu Ende gedacht, was heute in der Familienpolitik auf den Weg gebracht wird. Seitdem plagen mich grausige Visionen. Wie mag denn unsere Gesellschaft und unsere Kindheit in zehn, zwanzig Jahren aussehen, wenn wir da immer so weitermachen?

Der Mitnehmtag – ein Einakter

Wir schreiben das Jahr 2023. Wir befinden uns in einer Kinderbetreuungsvollzeiteinrichtung mit Rund-um-die-Uhr-Service. Herr Heckenstaller, der Leiter der Einrichtung, macht einen gehetzten Eindruck. Mit festem Schritt setzt er einer Dame hinterher, die gerade zur Tür hinaus will. Jeder der beiden hat ein Kind an der Hand.

Heckenstaller: *Hallo, Frau Branftl, finde ich ja super, dass Sie dieses Mal Ihr Kinderbesuchs- und Mitnehmwochenende wahrnehmen wollen, weil letztes Jahr und das Jahr davor hatten Sie ja keine Zeit …*

… jaja, die Märkte, das verstehe ich … und die Anleger … jaja, besonders nervös damals, weiß ich schon. Deshalb finde ich es ja auch wirklich toll, dass Sie es in diesem Jahr geschafft haben.

Frau Branftl hastet zur Tür, aber Heckenstaller stellt sich in den Weg.

Heckenstaller: *Nur eines noch, Frau Branftl … Sie haben … da, ähem, nicht – so ganz – das richtige Kind dabei …*

… nein, nein, der, den Sie da an der Hand haben, das ist der Jeremy – und Sie haben ja eine Tochter, die Jameya, gell …

… können Sie sich jetzt nicht auch noch um die Details kümmern … nein, ich weiß nicht so genau, was zurzeit auf den Märkten los ist, aber für ein Wochenende im Jahr … schwierig, das weiß ich, wegen der Anleger, jaja. (Wechselt die Kinder aus)

Also hier ist dann Ihre Jameya, und den Jeremy, den nehm' ich wieder mit, gell (zwinkert).

Ähem, Frau Branftl, tun Sie mir doch bitte dieses Mal den Gefallen und bringen am Sonntag auch wieder Ihr Kind zurück und nicht, wie vor drei Jahren, ein ganz anderes … jaja, auf dem Spielplatz kommt man da leicht mal durcheinander, gell, und zack – hat man pfeilgrad den Verkehrten dabei. Die Kleinen verändern sich aber auch so schnell, kaum schaut man mal drei Jahre nicht hin … also dann bis Sonntag, Frau Branftl …

… nein, für das jährliche Kinderbesuchs- und Mitnehmwochenende gibt es noch keine Kinderbetreuung … jaja, da werden Sie jetzt einfach ins kalte Wasser geworfen …

Weg mit diesem defätistischen Schmarrn. So weit muss es ja dann auch wieder nicht kommen.

Ich habe mit vielen Menschen über meine Bedenken gesprochen. Oft bin ich auf Unverständnis und Ablehnung gestoßen, oft bin ich belächelt worden. Aber es waren überraschenderweise Erzieherinnen, die mir zustimmten, die meine Sorge teilen.

„Schreib doch ein Buch darüber", hat mir eine sehr gute Freundin geraten.

Will das wirklich jemand lesen, habe ich mir dann gedacht, wird das jemand drucken? Ein Buch *gegen* den weiteren Ausbau der Kinderbetreuung? Aber Gott sei Dank ist der Kopf rund, damit man in verschiedene Richtungen denken kann. Ich habe einen Verleger gefunden, der nicht nur das druckt, was gerade Zeitgeist ist oder in Amerika schon erfolgreich war. Jemanden, der mir zugehört hat, der mich ermutigt hat, aufzuschreiben, was mir seit vielen Jahren durch den Kopf geht.

Und so möchte ich auch Sie bitten: Nehmen Sie dieses Buch unvoreingenommen in die Hand. Lassen Sie sich ein auf Argumente, die Vielen heute fremd oder reaktionär erscheinen – oder aber im Grunde ihres Herzens nur allzu bekannt sind. Machen Sie sich klein, lesen Sie das Buch aus dem Blickwinkel eines Kindes. Denken Sie zurück an Ihre eigene Kindheit, an wundervolle Momente mit der Familie.

Denken Sie nach über das Leben mit Kindern.
München, Untergiesing, im Herbst 2013

Kevin hat Angst

Was geschieht mit Kindern, die im Alter von einem Jahr oder gar noch jünger in Kindertagesstätten untergebracht, ja, vielleicht ganztagsbetreut werden? Verschiedene wissenschaftliche Fachdisziplinen wie Säuglingsforschung, Entwicklungspsychologie, Psychotherapie, Neurophysiologie und andere haben nachgewiesen, wie wichtig für Kinder in den ersten drei Lebensjahren die Begleitung idealerweise durch die Mutter oder zumindest eine verlässliche, konstante Bezugsperson ist. In dieser hochsensiblen Entwicklungszeit werden die Weichen gestellt, wie selbstsicher ein Mensch im späteren Leben ist oder wie selbstunsicher, wie einfühlsam und hilfsbereit oder wie hasserfüllt und gewaltbereit, letztlich wie seelisch gesund oder in welchem Ausmaß gestört. In unseren Praxen, Kliniken und Beratungsräumen sind wir täglich mit den Folgen fehlender guter Mütterlichkeit im Kleinkindalter bei heute Erwachsenen konfrontiert.

Existenzielle Ängste, Bedrohungsgefühle, Panik und tiefe Selbstzweifel als Ausdruck einer in der Frühzeit irreversibel gestörten seelischen Entwicklung nehmen zu. Damit künftige Generationen seelisch gesünder sind, muss die Gesellschaft für bestmögliche Bedingungen vor allem in der frühen und auch in der späteren Kindheit sorgen. Wenn eine Mutter ihr Kind in den ersten drei Lebensjahren zu Hause betreut, verdient das Wertschätzung und Anerkennung. Der Begriff „Herdprämie" beinhaltet eine unerträgliche Entwertung der für ein Kind lebensnotwendigen mütterlichen Fürsorge, Mütter und Mütterlichkeit werden diffamiert statt unterstützt. Das ist Ausdruck einer kinderfeindlichen Tendenz in unserer Gesellschaft.

Presseerklärung des Choriner Instituts für Tiefenpsychologie und psychosoziale Prävention e. V. (CIT)

Dr. med. H.-J. Maaz, Vorsitzender des CIT, im Namen von achtunddreißig ärztlichen und psychologischen Psychotherapeuten und Psychotherapeutinnen

Dank einer neuen Technik konnten Wissenschaftler in den Vereinigten Staaten Ende der neunziger Jahre bei Kleinkindern in ganztägiger Betreuung in zwei Daycare Centers erstmals das Tagesprofil des wichtigsten Stresshormons Cortisol bestimmen. Entgegen dem normalen Verlauf an Tagen im Kreis der Familie – hoher Wert am Morgen und kontinuierlicher Abfall zum Abend hin – stieg die Ausschüttung des Stresshormons während der ganztägigen Betreuung im Verlauf des Tages an – ein untrügliches Zeichen einer erheblichen und chronischen Stressbelastung.

Dr. Rainer Böhm, leitender Arzt des Sozialpädiatrischen Zentrums Bielefeld Bethel, FAZ, 4. April 2012

Diese Szene hat wohl jeder schon einmal erlebt. Alle sitzen beim Kaffee, die Kleinen sitzen schicksalsergeben dabei, spielen, lassen sich gelegentlich von Wildfremden in die Wange kneifen und hören dann, wie groß sie schon wieder geworden sind. Frau – ich werde sie für dieses Buch einmal Branftl nennen – hat ihr iPhone im Auto vergessen. „Ich bin gleich wieder da", sagt sie.

Kaum hat sich die Tür geschlossen, ist Frau Branftls Sohn – den nenne ich jetzt mal Kevin oder wie sie heute heißen: Kevin, Sternchen, Name von der Redaktion geändert – den Tränen nahe. „Die Mama kommt ja gleich wieder", versuchen die Erwachsenen abzuwiegeln, „nur fünf Minuten."

Doch der kleine Kevin hat Angst in den Augen. *Wird* sie wiederkommen? Muss ich jetzt allein hierbleiben, bei all den Wildfremden? Wie oft schlafen sind fünf Minuten? Die Großen haben's gut – die haben ein Zeitgefühl. Kaum ist die Mama endlich wieder da, hängt Kevin an ihrem Rockzipfel, den er nun längere Zeit nicht mehr loslassen will.

Kevin hat Angst. Er steht unter Stress, wenn man ihn von seinen Eltern trennt. Das kann man über seinen Cortisol-Spiegel nachweisen, aber ich glaube, das erscheint uns auch ohne Laborwerte nicht so ganz unplausibel.

Was im Kopf eines Kindes vorgeht, ist für uns Erwachsene nur schwer nachzuvollziehen. Aber was Verlustangst heißt, mag jeder schon einmal erlebt haben. Ich erinnere mich noch sehr gut an jenen Einkauf im Supermarkt. Ich hatte meine Tochter im Kinderwagen dabei – und dann war sie plötzlich weg. Wer gerade Vater oder Mutter geworden ist, weiß: Auch die Psyche verändert sich – man wird für Vieles sensibler. In meinem ganzen Leben werde ich die Panik nicht mehr vergessen, die damals in mir aufstieg. Natürlich war der Kinderwagen nicht weg. Ich war nur in meiner Zerstreutheit eine Regalreihe zu weit gelaufen. Doch die Sekunden, bis ich meinen Fehler erkannte – eine gefühlte Ewigkeit!

Nein, Kinder und Eltern macht es *nicht* glücklich, wenn die Beziehung schon nach wenigen Wochen oder Monaten auseinandergerissen wird. Wohl jedes höhere Lebewesen kann man sehr unglücklich machen, indem man es zu früh von seinen Eltern trennt. Das Zweite, was Sie aus diesem Buch lernen: Der Kevin ist am liebsten bei Papa und Mama. „Na, welch umwerfend neue Erkenntnis“, mag so mancher nun sagen. Stimmt, das ist wirklich nichts Neues. Kevin will nach Hause, das haben wir, sozusagen ganz instinktiv, schon irgendwie geahnt. Umso erstaunlicher aber ist, dass wir anscheinend zunehmend vom Gegenteil überzeugt sind, dass wir immer mehr gegen unser Gefühl handeln. Umso erstaunlicher ist unser neues Familienbild auch, weil ja Kinder heutzutage einen ganz anderen Stellenwert haben. Für sie ist uns das Beste gerade gut genug, zumal es ja in der Lebensphase, in der man sich heute nicht selten für das erste Kind entscheidet – also so um die vierzig –, gar nicht mehr so einfach ist, überhaupt ein Kind zu bekommen. Erstaunlich, welche medizinischen Eingriffe viele Frauen heute auf sich nehmen, um schwanger zu werden.

Hat sich der ersehnte Nachwuchs dann endlich eingestellt, scheint allerdings die zentrale Frage zu sein: Wie bringe ich ihn am schnellsten und umfassendsten wieder los? (Mir schaut gerade eine Freundin beim Schreiben über die Schulter und bemerkt, ich werde da wohl bald ein paar Messer im Rücken haben. Lassen Sie die Messer erst einmal stecken, dieses Buch richtet sich nicht gegen Frauen, aber dazu später mehr.)

Wer, so wie ich, in den sechziger Jahren geboren ist, hat von seinen Eltern vielleicht noch erfahren, wie es damals in den Entbindungskliniken so zuging. Gleich nach der Geburt hat man das Kind von seiner Mutter weggebracht, in einen Kindersaal, wo der der stolze Vater dann seinen Nachwuchs bewundern durfte – durch eine Scheibe aus Panzerglas. Doch, doch, die Mutter durfte ihr Kind dann schon mal haben – aber Stillen bitteschön nicht. So einfach an der Brust nuckeln, das war seinerzeit nicht drin. Stattdessen wurden an die Mütter spezielle – 'tschuldigung – Melkmaschinen ausgeteilt: Mit einer handbetriebenen Pumpe mussten sie ihre Muttermilch absaugen. Die wurde dann dem Kind verabreicht – mit der Flasche natürlich.

Welch abenteuerliche kollektive Schnapsidee, möchte man heute meinen. Aber wie gesagt: Damals waren alle davon überzeugt, damit das Beste fürs Kind zu tun – auch wenn man gefühlsmäßig wohl eher zur einfacheren, natürlichen Methode tendiert hätte. Aber die Wissenschaft wird's schon besser wissen, hat man sich gedacht – damals wie heute. Die Wissenschaft sah die Mutter-Kind-Beziehung damals wohl eher aus einem recht technisch-hygienischen Blickwinkel – so wie es für diese Zeit eben typisch war.

Ein gewisser Harry F. Harlow ging der Sache allerdings ab 1957 wissenschaftlich auf den Grund. Er trennte Affenbabys von ihren Eltern und bot ihnen zwei Arten von Ersatzmüttern an: eine aus Drahtgeflecht mit einem eingebauten Milchfläschchen und eine aus weichem Stoff, ohne Nahrungsquelle. Und welch erstaunliche Erkenntnis: Der arme, wissenschaftlich zwangsverwaiste Aff' ging zunächst kurz zur Drahtmutter, um seinen Hunger zu stillen, und kuschelte sich dann in seiner seelischen Not an die Stoffmutter, manchmal den ganzen Tag lang. Welch ein Aha-Erlebnis für den Herrn Harlow. Ganz im Gegensatz zum Automobil braucht ein Lebewesen also nicht nur eine Tankstelle, sondern auch was zum Kuscheln – na, wer hätte das gedacht. Es sei also durchaus sinnvoll, hieß es dann, sein Kind öfter mal zu knuddeln, auch wenn es ein Junge sei. Das war bis dahin bei Weitem nicht selbstverständlich.

Der Herr Harlow dachte auch zunächst, es reiche völlig aus, wenn man dem Kind irgendein weiches Trumm in die Hand drückt. Denn seine Stoffmutter-Äffchen entwickelten sich scheinbar normal. Später zeigte sich dann allerdings, dass die Harlow-Äffchen trotz Stoffmutter hoffnungslos verhaltensgestört waren. Also die nächste wissenschaftliche Sensation: Es ist bei Weitem nicht wurscht, wen der Kleine zum Kuscheln hat – das muss auch noch ein Lebewesen sein, am besten immer dasselbe Lebewesen und am allerbesten die eigenen Eltern.

Na, das hätte ich ihm ja auch gleich sagen können, wird da schon wieder so mancher sagen. Stimmt, das hätten wir auch wissen können, ohne zahllose Kapuzineräffchen zu quälen. Denn wir Menschen leben schon seit etlichen tausenden bis hunderttausenden von Jahren mit unseren Kindern zusammen, deshalb hat uns die Natur ein recht gutes Gefühl für unsere Sprösslinge mitgegeben. Wir wissen eigentlich schon, was richtig wäre – aber dürfen haben wir uns in letzter Zeit nicht mehr getraut.

Wohl nicht zuletzt durch Harlows Erkenntnisse hat sich die Situation in der Entbindungsstation geändert: Die Babys kehrten Zug um Zug zur Mutter zurück, in die hübschen, kleinen Glaskästchen, die wir heute kennen. „Rooming-in" hat das seinerzeit geheißen – und wurde als großer Fortschritt gefeiert, ebenso wie das Stillen. Wir lernen daraus: Die Wissenschaft, das gilt ganz besonders für den Bereich Kindererziehung, findet in der Regel genau das heraus, was eben zum momentanen Zeitgeist passt. Und letzterer unterliegt, Gott sei Dank muss man sagen, eben einer gewissen Flexibilität. An die weiland praktizierte weitgehende physikalische wie emotionale Sterilisierung des Geburts- und Wochenbetts denkt man heute eher mit Schaudern zurück.

Könnte es nicht auch sein, dass künftige Generationen unsere gegenwärtige Kinder-Abschiebepraxis mit ähnlichem Befremden betrachten werden?

Vielleicht wird man schon bald von der verlorenen 2000er-Generation sprechen, von einer fatalen Fehlentwicklung, die man doch eigentlich schon hätte erkennen können, als man im angeblichen Kinderbetreuungsmusterland Frankreich mit dem Militär gegen marodierende Jugendliche vorgehen musste.

Denn eines muss doch klar sein: Die Auseinandersozialisierung von Kindern und Eltern wird Spuren in unserer Gesellschaft hinterlassen. Unser neues Familienbild wird nicht ohne Auswirkungen bleiben. Hoffen wir einmal, dass diese Auswirkungen durchweg positiver Art sein werden, wie uns immer wieder mit dem Brustton der Überzeugung vermittelt wird. Aber so genau weiß das keiner.

Das Experiment läuft noch – nicht nur hierzulande. Denn wer glaubt, die Sache mit der – 'tschuldigung – Frauenmelkmaschine sei schon gegessen, der irrt. Im Fernsehen wurde jüngst der ehrbare Beruf des Muttermilch-Kuriers thematisiert: In Indonesien pumpen moderne, berufstätige Frauen während der Arbeitszeit wieder ordentlich ab und geben ihre Milch dann einem Kurierfahrer mit. Der bringt sie dann heim zur Nanny, zur Sus, wie sie in Indonesien heißt. Und die gibt sie dem Kleinen dann mit der Flasche – ganz einfach, oder? Wir sehen also, auch die Entwicklungsländer haben sich dem vorgeschriebenen Familienbild bereits angenähert: Erst einmal weg mit den Kindern, den Rest bekommen wir dann mit viel Technik und Energieeinsatz schon irgendwie hin.

Auf der Suche nach dem Hut

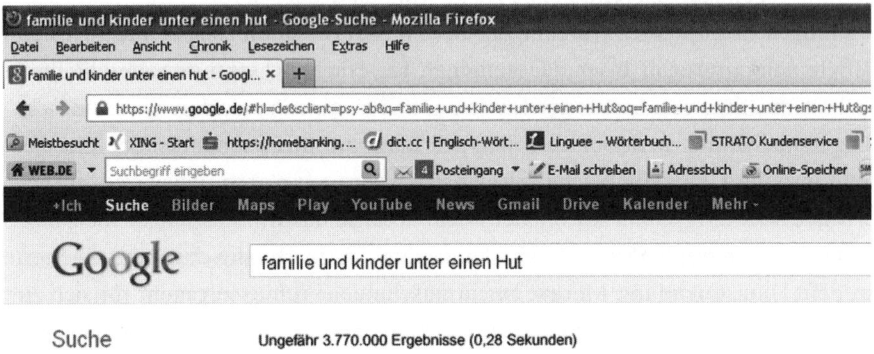

Screenshot Familie und Kinder unter einen Hut bringen

Ich persönlich trage ja gerne einen Hut. Ich hätte ein „Hutgesicht“, hat mein Schwiegervater mal gesagt. Damit bin ich aber eher Angehöriger einer Minderheit. Die Modewelt hält nichts mehr vom Panama- oder Humphrey-Bogart-Deckel, das erscheint heute irgendwie altmodisch. Auch Damenhüte sieht man fast nur noch zur Zeit des kollektiven Ende-September-Alkoholexzesses, wenn in München augenscheinlich der Herbstfasching ausgebrochen ist.

Höchst modern ist heutzutage allerdings – bei Frauen wie bei Männern – die Suche nach einem imaginären Hut. Gemeint ist der eine Hut, unter den der moderne, unabhängige Mensch eine ganze Menge bringen will: seinen Beruf, seine Arbeit, seine Anstellung, sein Beschäftigungsverhältnis, seine Karriere, seine Altersversorgung, seine berufliche Selbstverwirklichung, das Engagement für die Märkte, die Beruhigung der Anleger, die Sicherung des eigenen Einkommens und damit der eigenen Unabhängigkeit, das straffe Freizeitprogramm mit Salsakurs, Trommelgruppe, Nepal-Urlaub und Heliskiing – und natürlich auch noch die Dings, die Familie.

Wer schon einmal einer geregelten Arbeit nachgegangen ist, der weiß, dass man das nicht einfach so nebenher macht. Da müssen Projekte gelauncht, Kick-off-Meetings besucht und zahlreiche Märkte gerettet werden. Das fängt schon ziemlich früh am Tag an und hört oft ziemlich spät auf, weil man Telefonkonferenzen mit Kalifornien eben erst ab 17:00 Uhr abhalten sollte. Sonst machen die Amis am Telefon immer so einen verschlafenen Eindruck.

Wer schon einmal ein Kind großgezogen hat, der weiß, dass man das nicht einfach so nebenher macht. Da müssen Windeln gewechselt, Schnuller gesucht, Gläschen warm gemacht und schreiende Nicht-schlafen-Woller herumgetragen werden. Das fängt schon ziemlich früh am Tag an und hört oft ziemlich spät auf, weil sich die Kleinen partout nicht an den gängigen Tag-Nacht-Rhythmus halten wollen. Deshalb machen viele Eltern am Telefon immer so einen verschlafenen Eindruck.

Die hohe Symmetrie der beiden eben gelesenen Absätze verdeutlicht bereits das Grundproblem: Die Hut-Suche erweist sich als grundsätzlich schwierig – ausgesprochen schwierig. Denn sowohl der Beruf als auch das Kind verlangen die ganze Frau und den ganzen Mann. Bereits Kinderlose klagen häufig darüber, zu selten aus dem Hamsterrad der Märkte herauszukommen, keine Zeit mehr für sich zu haben. Ähnlich verhält es sich auch mit den Erziehungsberechtigten. Obelix, der Gallier, bringt es auf den Punkt: „Da ist so was nicht größer als ein Frischling, und doch beschäftigt es dich derart, dass du in der Zeit glatt fünfzig Hinkelsteine hauen könntest."

„Drei Bauern unter einen Hut bringen heißt zwei erschlagen", lautet ein Sprichwort, will heißen: Es gibt immer wieder mal Sachen, die man eben *nicht* unter einen Hut bringen kann.

Nein, es *gibt* keinen Hut, unter dem das bisherige Leben und die Kinder passen. Dies gilt vor allem für die ersten drei bis vier Lebensjahre. Man kann nicht das Eine tun, ohne das Andere zu lassen. Ich war ja in Mathematik noch nie eine so große Koryphäe, aber sogar ich kann ausrechnen, dass in einen prall gefüllten Sechzehn-Stunden-Tag eben nicht noch sechzehn Stunden Baby hineinpassen.

Dennoch wird der Hut ständig weiter gesucht und nicht so recht gefunden. (Achten Sie mal in der nächsten Zeit bei Gesprächen auf Zitate wie „… wie ich das alles unter einen Hut …" und führen Sie eine Strichliste – aber nicht immer gleich losprusten, dafür ist die Sache zu ernst.)

Historisch gesehen ist das Problem der Hut-Suche in etwa zur Zeit der Industrialisierung entstanden. Damals entdeckten die Märkte und die Anleger die Frau als Arbeitskraft. Warum sie, die ja bisher eher beschäftigungslos zu Hause mit ihren Kindern herumspielte, nicht eingliedern in die Arbeitswelt? Dann braucht man den Männern nicht mehr so viel Geld zu bezahlen, schließlich ist man ja jetzt Doppelverdiener. Die Kleinen waren auch damals schon – irgendwie im Weg. Daher wurde, etwa um 1750, der erste Kindergarten eingerichtet, überraschenderweise im erzkonservativen Bayern, genauer gesagt in Straubing. „Kinderbewahranstalt" stand 1852 über dem Eingang einer solchen Einrichtung in Hamburg.

Damit schien der Hut bereits gefunden: Kinder weg, dann hat man Zeit zum Arbeiten. Ganz ähnlich – wenn auch unter deutlich pädagogischerer Legitimation – sieht man das auch heute noch. Das Mittel der Wahl, um Beruf und Familie unter einen Hut zu bringen, ist – Sie haben es erraten – der umfassende Ausbau der Kinderbetreuung.

Doch passen will der Hut trotzdem nicht: Der Chef verlangt die ganze Frau oder den ganzen Mann, das Kind will seine Mama oder seinen Papa, und das voll und ganz. Anders als früher hat das Einzelkind von heute einen ausgesprochen hohen gefühlten Anspruch, dem man gerecht werden will. Und so rutscht der Hut bald hierhin, bald dorthin, das Mistding ist einfach zu klein. Egal wie man den Hut auch zurechtrückt: Einer der darunter Befindlichen guckt immer heraus, einer steht immer im Regen – mal der eine, mal der andere, mal mehr, mal weniger.

Und nicht selten purzelt der wacklige Hut auch komplett herunter, wenn die Märkte mal wieder besonders intensiv gerettet werden müssen oder das Kind einmal krank wird und nicht in die Kita kann – *eigentlich* nicht in die Kita kann. Dann muss in der Frühe innerhalb einer halben Stunde die Entscheidung fallen: Urlaub opfern oder sich freistellen lassen und womöglich die Anleger nervös machen, oder den Kleinen halt ein wenig angeschlagen in die Kita bringen – also seine Gesundheit aufs Spiel setzen.

Wer als Erzieherin arbeitet, kennt die Mütter und Väter, die – ohne Hut – morgens hereinkommen, den Kevin an der Hand, der eigentlich ins Bett gehen und verwöhnt werden will. Oft haben die Eltern dann auch noch ein Fläschchen mit irgendeinem Grippe-Symptom-Killer dabei („Geben Sie ihm doch bitte alle zwei Stunden …"). Und ehe sie sich versieht, ist auch die Erzieherin in die Hut-Sucher-Kultur mit einbezogen. Wie krank ist denn nun der Kevin? Wie soll sie jetzt die Interessen der Eltern, des Arbeitgebers und des kränkelnden Kindes unter einen Hut bringen? Wegschicken? Dann ist die Mutter oder der Vater sauer. Vielleicht ist der Kleine ja in zwei Stunden wieder quietschfidel. Dann hat man als Kinderbetreuungseinrichtung wieder einmal nicht die notwendige Flexibilität bewiesen.

Dabehalten? Dann ist das Kind möglicherweise der Leid tragende – und die Erzieherin die Schuldige. Vielleicht glüht der Kleine ja in zwei Stunden vor Fieber, vielleicht steckt er die anderen Kinder an. Die Medizin darf die Erzieherin jedenfalls nicht verabreichen, das ist verboten. Auch sie kann jetzt den Hut dorthin oder dahin schieben – passen wird er nie. Da wäre vielleicht eine Zusatzqualifikation als Kinderärztin nicht schlecht ...

Der schlecht sitzende Beruf-Familie-Hut hat schon etwas Tragikomisches, vor allem, wenn man ihn bei anderen beobachtet – aber nicht immer gleich losprusten, dafür ist die Sache zu ernst. Denn der Hut hinterlässt eben leider auch erhebliche Druckstellen: Immer mehr Mütter in Deutschland sind psychisch krank. Die Zahl sei in den vergangenen acht Jahren um rund ein Drittel gestiegen, beklagt die Kuratoriumsvorsitzende des Müttergenesungswerks, Marlene Rupprecht. Vor allem wachsender Zeitdruck, die Doppelbelastung in Beruf und Familie und mangelnde Anerkennung ihrer Arbeit mache den Frauen zu schaffen. „*Sie müssen die Managerinnen für alles sein und sollen dabei auch noch guter Laune sein*“, so Rupprecht. „*Das ist kaum machbar.*“

Ein Vätergenesungswerk gibt es momentan nicht und deshalb auch keine belastbaren Zahlen, wie viele Väter mit der Doppelrolle überfordert sind. Naja, wenn sich die Männer nicht immer drücken würden, lautet hier das gängige Klischee. Den Vätern die Schuld zu geben, ist nur allzu leicht. Aber damit wird man weder dem heutigen Durchschnittsvater noch der Situation gerecht. Schließlich hat der Herr Papa die Zeit vor dem Kind auch nicht nur mit Nasebohren verbracht. Auch sein Tag ist bereits voll, oft sogar voller als bei seiner Frau. Da hilft es herzlich wenig, auch ihn unter den Hut zu nehmen. Halten wird er trotzdem nicht so richtig.

Wer als Mann bei der Hut-Suche erkrankt, kann sich selbst nach Hilfe umschauen. Als Abhilfe für Frauen empfiehlt Frau Rupprecht eine Mutter-Kind-Kur – die leider immer seltener von den Krankenkassen bezahlt werde. Wir lernen daraus: Es gibt also durchaus die Möglichkeit, ein wenig Zeit ungestört mit seinem Kind zu verbringen – aber dafür muss man halt zuerst einmal krank werden.

Als weitere Möglichkeit, die Volksgesundheit in diesem Bereich zu verbessern, empfehlen Experten und Politiker – Sie haben es erraten – einen deutlichen Ausbau der Kinderbetreuung. Keine schlechte Idee: Wenn die Kita von morgens 7:00 bis abends 22:00 Uhr geöffnet hat, dann gibt es bestimmt kaum noch Schwierigkeiten mit dem Arbeitgeber. Aber eigentlich sollte es dann auch eine

Übernacht-Betreuung geben – wie sie in Finnland oder Amerika schon üblich ist. Dann bleibt den gestressten, voll berufstätigen Eltern auch mal ein Abend für sich, dann kann man in Ruhe zu Hause ankommen, dann kann man auch nachts im Mehrschichtbetrieb arbeiten. Und eine der Kita angeschlossene Kinderklinik mit Rund-um-die-Uhr-Bereitschaft wäre doch, bitteschön, auch schon lange überfällig, dann gäbe es auch keine Probleme mehr, wenn einer mal krank wird. Und wenn die Kita dann auch über die Ferien geöffnet hätte, dann würde der Aktivurlaub auch ein gutes Stück leichter. Denn das mit der Kinderbetreuung ist gerade im Mount-Everest-Basislager immer so ein Problem.

Sicherlich: Je mehr wir das Betreuungssystem ausweiten, desto weniger Stress haben wir mit den Kleinen, je mehr Betreuung, desto besser passt der Hut. Die Sache hat aber einen Schönheitsfehler: Unter dem perfekt sitzenden Hut sind wir selbst nicht mehr. Je umfassender und ausgeweiteter die Betreuungsmaschinerie wird, desto mehr verlagert sich eben auch der Lebensschwerpunkt des Kindes weg von der Familie, weg von den Eltern. Und so ist die vermeintliche „Entlastung" durch die Kinderbetreuung eben keine wirkliche. Das Kind verschwindet nicht – und auch nicht die permanente kognitive Dissonanz. So mancher Hut-Sucher wird von ständigen Gewissensbissen geplagt – mal gegenüber dem Kind, mal gegenüber dem Arbeitgeber. Den Riss in der Seele vieler berufstätiger Eltern vermag auch die noch so perfekte Kinderbetreuung nicht zu kitten. Neben der physischen ist es vor allem die permanente psychische Überlastung, die vielen zu schaffen macht – die viele krank macht.

Wollen wir das wirklich?

Ganz abgesehen davon, dass eine Rundum-sorglos-Betreuung hierzulande nicht zu bezahlen ist und es dafür auch niemals genug Personal geben wird, muss doch die Frage erlaubt sein: Sind Kinder wirklich nur noch eine Freizeitbeschäftigung? Kann man die Zeit, die man mit seinem Kind verbringt, wirklich komprimieren, wie ein jpg-Bild oder eine mp3-Datei? Praktisch verlustfrei? Familienleben als „Quality Time" nur noch nach Feierabend, vielleicht bald nur noch am Wochenende?

Es wird ja in diesem Zusammenhang viel von der Vereinbarkeit von Beruf und Familie gesprochen. Solche „Vereinbarungen" kennen wir alle noch aus unserer eigenen Kindheit: „Gell, Kevin, wir haben doch *vereinbart*, dass Du vor dem Essen keine Kekse …". Der Hut-Sucher sieht sich nicht selten gezwungen, solche Vereinbarung zu treffen – ohne dabei den unmittelbar Betroffenen zu fragen.

Ja, was glauben wir denn eigentlich, was der kleine Kevin, acht Monate, zu dieser Kita-ist-besser-für-uns-alle-Vereinbarung sagen würde? „Spielstopp!" würde er schreien, „halt, die Idee taugt nichts!" Kevin will nach Hause. Aber Kevin wird nicht gefragt, der kriegt das sowieso nicht so mit, denken wir, der gewöhnt sich schon dran. Der kleine Kevin ist aber nicht so dumm, wie er aussieht: Er hat sehr feine Antennen dafür, wie es seinen Eltern gerade geht, er bekommt mit, dass das mit seiner Krankheit gerade nicht passt, dass die Eltern genervt sind, wenn sie ihn abholen kommen, dass er oft ein wenig im Weg steht – dass seine Eltern weg sind, wenn es ihm schlecht geht. Sicher gewöhnt er sich daran, aber: Wollen wir ihm das wirklich antun? Wollen wir *uns* das wirklich antun?

Der tut nichts, der spielt nur

Spielen ist für die Entwicklung von essenzieller Bedeutung. Es trägt zum physischen, sozialen, emotionalen Wohlbefinden von Kindern und Jugendlichen bei. Das Spiel bietet für die Eltern eine hervorragende Möglichkeit, sich voll und ganz dem Kinde zu widmen. Doch trotz aller Vorteile, die das Spielen sowohl für Kinder als auch für die Eltern bietet, wurde die Zeit für das freie Spiel bei einigen Kindern signifikant reduziert. Diese Studie thematisiert eine Vielzahl von Faktoren, die das Spiel einschränken, zum Beispiel ein eiliger Lebensstil, Änderungen der Familienstruktur und die verstärkte Konzentration von geleiteten Bildungs- und Förderungsmaßnahmen, zulasten des Kind-zentrierten freien Spiels.

The Importance of Play in Promoting Healthy Child Development and Maintaining Strong Parent-Child Bonds.

Kenneth R. Ginsburg, MD, MSEd

Und ich habe viel über die Kinder nachgedacht, die mit ihren weißen Kieseln spielen und sie verwandeln: Sieh doch, sagen sie, dort marschiert ein Heer und dort sind die Herden: Der Vorübergehende aber, der nur Steine sieht, weiß nichts vom Reichtum ihrer Herzen.

Antoine de Saint-Exupéry

Atome spalten ist ein Kinderspiel, verglichen mit einem Kinderspiel.

Albert Einstein

Na, was heißt denn hier antun?, wird es nun aus der Hut-Sucher-Gemeinde schallen, wir wollen doch nur das Beste für den kleinen Kevin, die Kinderbetreuung ist doch nicht nur für uns Erwachsene ausgesprochen praktisch, sondern auch für den Kevin mehr als segensreich. Denn – genau – die U3-Kinderbetreuung ist ja bereits Bestandteil unseres Bildungssystems. Wer in seiner wichtigsten Prägungsphase einfach so zu Hause herumlungert, der wird im System der Märkte schon bald nicht mehr konkurrenzfähig sein, und das könnte die Anleger noch nervöser machen, als sie ohnehin schon sind.

Daher kann es mit der Bildung nicht früh genug losgehen. Zweisprachige Erziehung, natürlich, mit chinesisch als erster U3-Fremdsprache, dazu Grundlagen der Mathematik, und ein, zwei Musikinstrumente können wohl auch nicht schaden. Gerade in den ersten sechs Jahren hat der Kevin ja bekanntlich jede Menge freie Zeit. Und während der meisten Zeit tut er ja gar nichts – er spielt nur.

Und genau in dieser gefühlten Auslastungslücke setzt das zeitgemäße präschulische Bildungsprogramm an – mit zahllosen Angeboten, deren schiere Aufzählung bereits den Rahmen dieses Buchs sprengen würde. Dass man das alles als Erziehungsberechtigter nicht selbst und zu Hause stemmen kann, liegt ja wohl auf der Hand. Unser Chinesisch ist saumäßig und Mathe – zumindest in meinem Fall – der historische Angstgegner.

Womit wir uns wieder einmal alle einig wären: Der Kevin – gehört weg. Nur in einer institutionalisierten Betreuungs- und Bildungseinrichtung bekommen wir ihn so weit hin, dass er später in den Märkten nicht auch noch im Weg umgeht und die Anleger nervös macht. Billig wird die Sache nicht, das notwendige Bildungsprogramm kostet. Dass der Kevin dabei tagsüber immer auch noch schön aufgeräumt ist, ist ein wirklich angenehmer Nebeneffekt, den wir dann auch redlich verdient und bezahlt haben.

Könnte es nicht auch sein, dass wir uns da etwas vormachen?

Nein, Kinderkrippen sind *kein* Teil des Bildungssystems. Es gibt weder verbindliche Qualitätsstandards noch annähernd genügend qualifizierte Menschen, die sie umsetzen könnten – und es wird sie auch in Zukunft nicht geben.

Und auch pädagogisch ist die frühkindliche Bildungsoffensive – sagen wir es mal so – nicht so ganz unumstritten. Kinder sind keine geschrumpften Erwachsenen. Es ist nicht sinnvoll, Lerninhalte beliebig weit vorzuziehen, um damit scheinbar wertvolle Zeit einzusparen. Denn das kindliche Gehirn ist mit weniger als sechs Jahren nicht bereit für Latein oder Differenzial- und Integralrechnung.

So ist es ja gar nicht, wird die Bildungsindustrie einwenden, alle Inhalte würden ja kindgerecht vermittelt, spielerisch sozusagen. Das kleine Gehirn sauge „wie ein Schwamm“ alles auf, heißt es ja immer. Stimmt – aber das heißt doch noch lange nicht, dass wir es mit allem Möglichen zumüllen müssen, was in dieser Altersstufe nichts, aber auch gar nichts verloren hat.

Dass der Kevin jede Menge Zeit hat, die er einfach nur so vertrödelt, stimmt nämlich nicht. Seitdem sich gelehrte Menschen mit der kindlichen Entwicklung befassen, steht das freie Spielen regelmäßig unter Beschuss: unproduktiv sei das, planlos, oft sogar unkonzentriert, wenn der kleine Kevin mal wieder mehrere Sachen zugleich ausprobiert, wenn er wieder mal nur „herumfetzt", statt sich auf eine Sache zu konzentrieren. Da haben wir doch weit bessere Ideen ...

„Manno", würde der Kevin jetzt sagen. „Warum lassen die mich denn nicht einfach in Ruhe?" Spielen ist für den Kevin nämlich eine wichtige Sache – man könnte sogar sagen, die allerwichtigste. Im Spiel spielt er nämlich alle wichtigen Situationen durch, die ihn in seinem späteren Leben beschäftigen werden. Im Spiel lernt er neue Freunde kennen, lernt, mit ihnen umzugehen. Beim Spielen lernt der kleine Kevin das, was ihm gerade Spaß macht – und das ist höchst passenderweise genau das, was für ihn im Hinblick auf seinen momentanen Entwicklungsstand am günstigsten ist.

So weit, so gut. Nur wir Erwachsene wissen es natürlich wieder einmal besser. Wir zwingen dem Kevin ein Bildungsprogramm auf, einen Terminkalender, der dem oft beklagten „Hamsterrad" des Erwachsenen erschreckend ähnlich ist. Sicher, der moderne Mensch muss sich an die Märkte anpassen, sonst werden die Anleger nervös. Sicher, Kinder saugen alles Neue auf wie ein Schwamm – und Gott sei Dank vergessen sie es auch genauso schnell wieder, wie ein Schwamm, auf den man aus Versehen draufgetreten ist. Daher besteht zumindest die Hoffnung, dass wir mit unserer zweifelhaften Strategie wenigstens keinen allzu großen Schaden anrichten.

Dass ein Kleinkind von all diesen Angeboten profitiert, ist auch in Fachkreisen höchst umstritten. Dass es ausgesprochen schlecht ist, wenn man Kinder in ein Terminkorsett zwängt, wenn man sie konsequent daran hindert, frei zu spielen, ihre Entwicklung selbst zu bestimmen und zu organisieren, darüber ist man sich aber einig. Das rund um die Uhr „bebildete" und „bespaßte" Kind weiß nichts mehr mit sich anzufangen. Es wird sich auch später an einen wahrscheinlich fremdbestimmten Lebensplan anpassen, der von der widerspruchslosen Eingliederung in die Märkte über die tägliche Dosis Trash-TV bis hin zum durchanimierten Kluburlaub reicht.

So drängt sich doch insgesamt der Verdacht auf, dass die scheinbar unentbehrliche vorschulische Dauernachhilfe in erster Linie denen nützt, die sie anbieten und vermarkten. Mit unserer Angst, der Kevin könnte nicht optimal gefördert werden, der Kevin könnte sogar etwas verpassen, mit dieser Angst lässt sich trefflich Kasse machen.

Ein Argument für das Weggeben der Kinder ist der Bildungsaspekt jedenfalls nicht. Kevin will nach Hause. Er will dort vor allem eines: spielen. In einer für ihn emotional sicheren und vertrauensbildenden Umgebung.

Und wer seine Kindheit als „sichere Basis" erlebt hat, der ist klar im Vorteil – auch ohne Chinesisch. Das beweist der Schokoladentest. Dabei stellt man ein Kleinkind vor die Wahl, jetzt gleich ein kleines Stück Schokolade zu bekommen oder in zehn Minuten ein deutlich größeres. Das ist schon ganz schön gemein für Leute, die noch kein Zeitgefühl haben. Dennoch nimmt ein gewisser Teil der kleinen Probanden die Tortur der Wartezeit in Kauf. Ob man bei diesem Experiment gleich zugreift oder eine gefühlte Ewigkeit wartet, hängt sehr viel damit zusammen, ob man Vertrauen in die Zukunft hat. Die Fähigkeit zur Belohnungsverzögerung ist eng korreliert mit dem Vertrauen, das wir zum Zeitpunkt X in unsere Mitmenschen gefasst haben. Und amerikanische Forscher haben herausgefunden, dass Kinder, die im Schokoladentest warten konnten, später im Leben glücklicher und erfolgreicher sind.

So ist denn auch der Gedanke der „sicheren Basis", auf deren Grundlage man sich selbstbestimmt entwickelt, ein ganz entscheidender. Kinder sollen in ihrer ersten Lebensphase Vertrauen lernen – nicht höhere Mathematik. Und das kann der Kevin auch zu Hause ganz gut – wenn nicht sogar besser.

Ich habe viele Stunden mit meiner Tochter gespielt – einfach nur gespielt. Wir sind weit gereist in unserer Fantasie, obwohl wir nur ein paar hundert Meter von unserem Zuhause weg waren. Wir haben Wunderbares erlebt, obwohl der Tag trist und grau war. „Was habt ihr denn vier Stunden lang gemacht?", hat meine Frau damals gefragt. Tja, was soll man da antworten: „Gespielt halt!"

Die Märkte sind nervös

Eine enorme Erleichterung auch für Sanna Sormunen, eine junge Mutter aus Helsinki. „Ich bin echt froh, dass es diesen Kindergarten gibt, da mein Mann und ich beide Schicht arbeiten. Zuerst war Unna, unsere Tochter, in einer normalen Kita – die hatte nur bis 17 Uhr auf. Es war wahnsinnig zeitaufwendig auszutüfteln, wer sie hinbringt oder abholt und wo Unna abends sein kann. Mit dem 24-Stunden-Kindergarten ist alles viel einfacher", erzählt Sanna erleichtert. Ihr Mann Sami ist Angestellter in einer Hauswartungsfirma und muss oft sechzehn Stunden am Tag arbeiten. Nicht selten überkomme ihn ein schlechtes Gewissen, da er so wenig Zeit für seine Tochter habe. „Aber es geht einfach nicht anders", so Sami. Manchmal bleiben die Kinder sogar mehrere Tage am Stück in den Kitas, zum Beispiel, wenn die Eltern im Außendienst arbeiten. Die Diskussion um Rabenmütter und Karriereväter gibt es kaum in Finnland. Jeder dritte Einjährige verbringt seine Tage in einer Kita oder bei einer Tagesmutter, bei den Fünfjährigen sind es drei von vier.

Beitrag aus ZDF Auslandsjournal

Der Neurobiologe Gerald Hüther ging auf einem Burn-out-Kongress in Heidelberg einer grundlegenden Frage nach: Wie kommt der Mensch auf die verrückte Idee, so viel Leistung bringen zu müssen, bis er umfällt?

In Deutschland zählt Leistung. Kinder erleben ständig, dass Menschen nur dann anerkannt werden, wenn sie sich anstrengen. Beispiel Schule: Hört das Kind: „Wieder nur eine Fünf in Mathe, so können wir dich nicht in unsere Klasse lassen", verfestigt sich die Erfahrung, dass man nur durch Leistung vorankommt. Sie nistet sich im Gehirn ein. „Und irgendwann glaubt man selbst, dass Leistung das ist, was im Leben zählt", sagt Hüther.

Beitrag aus Spiegel Online

Die Verkürzung der Gymnasialzeit, der Studiendauer, die Hartzreformen, der Ausbau der Kinderbetreuung – was auch immer in Deutschland im vergangenen Jahrzehnt an Reformen in die Wege geleitet wurde, folgte, anders als zuvor, nicht irgendwelchen Utopien von einer besseren Gesellschaft, sondern einem ökonomi-

schen Zweck: die Wettbewerbsfähigkeit der bundesdeutschen Wirtschaft auf dem Weltmarkt zu erhöhen.

Sebastian Hammelehle, Spiegel Online

Von den Märkten war in diesem Buch schon ein paarmal die Rede, und das kommt nicht von ungefähr. Gestatten Sie mir, dass ich zu diesem Thema nun ein wenig weiter aushole.

Früher – ältere Leser werden sich noch erinnern – hatten wir, respektive unsere gewählten Volksvertreter, sagen wir es mal so: gewisse Gestaltungsspielräume, was unser tägliches Leben angeht. Welche Politik die richtige sei, darüber wurde trefflich gestritten. Der Einzelne müsse sich mehr politisieren, hatte es damals geheißen. Geld regiert die Welt, dieser Grundsatz galt natürlich auch schon in den sechziger oder siebziger Jahren, dennoch bestimmte früher die Politik die Richtlinien der Märkte.

Heute ist es allerdings eher umgekehrt. So Manchem mag aufgefallen sein, dass die Politik inzwischen eine, um es vorsichtig auszudrücken, eher untergeordnete Rolle spielt. Sie scheint seit Jahren nichts anderes zu tun zu haben, als Märkte und Anleger zu beruhigen. Letztere bestimmen inzwischen, was wir tun und was wir lassen. Die Märkte beurteilen Staaten, stellen Bedingungen, setzen die Richtlinien der Politik. So ganz glücklich werden wir damit nicht, man könnte sogar sagen: Wir stehen am Rande eines gähnenden Abgrundes.

Wie konnte es nur so weit kommen?

Wir erinnern uns: Nach dem Fall der Berliner Mauer und dem kollektiven Selbstmord des Kommunismus, da waren wir guter Dinge. Der Kapitalismus als Gesellschaftsordnung hatte gesiegt. Was lag da näher, als die einzig richtige Strategie des freien Spiels der Kräfte konsequent weiterzuverfolgen? Die kommunistische Planwirtschaft war letztlich an ihrer eigenen Ineffektivität gescheitert. Ergo dachten wir: Je weniger der Staat der Wirtschafts- und Finanzwelt ins Handwerk pfuscht, desto besser.

Was folgte, war eine beispiellose Dereglementierung – und eine ebenso beispiellose Umverteilung von unten nach oben. Dass das der Masse der Menschen nicht unbedingt zum Wohle gereicht hat, wurde früher oder später durchaus erkannt. Mit erneutem Schrecken musste die Politik dann allerdings feststellen, dass ihr die Macht mittlerweile ziemlich aus den Händen geglitten war. Wirtschaft und

Finanzen haben sich globalisiert, wie wir alle wissen. Die Politik hat dieser Entwicklung nicht oder nur in sehr geringem Umfang folgen können.

Die Folgen bekommen die meisten von uns zu spüren. Das weltweite Finanzsystem hat sich mittlerweile praktisch jeder Fessel entrafft. Es ist nicht mehr kontrollierbar, nicht von der Politik und nicht von den Finanzakteuren selbst. Das wäre an sich nicht so schlimm – hätten wir uns nicht auf Gedeih und Verderb von diesem System abhängig gemacht. Wir sitzen alle in einem Boot – doch auf der Brücke steht niemand. Und dementsprechend schlingert unsere Welt zurzeit hin und her. Wann wir auf das nächste Riff krachen, ist immer nur eine Frage der Zeit.

Damit wir nicht komplett absaufen, müssen die Löcher im Rumpf mit vielen, vielen Geldscheinen abgedichtet werden. Hoch verschuldete Staaten retten hoch verschuldete Staaten und abgewirtschaftete Banken mit Geld, das sie sich von anderen hoch verschuldeten Staaten und abgewirtschafteten Banken ausgeliehen haben. Hat sich ein hoch verschuldeter Staat bei der Rettung zu abgewirtschafteter Banken zu hoch verschuldet, muss er radikal sparen, sonst bekommt er von den anderen hoch verschuldeten Staaten kein Geld mehr. Das wiederum führt zu radikaler Rezession und radikaler Erhöhung der Verschuldung des hoch verschuldeten Staates. Gestern standen wir noch kurz vor dem Abgrund – heute sind wir einen Schritt weiter. Die Märkte sind nervös – und angesichts des geradezu epischen Chaos, das wir angerichtet haben, ist das wahrlich kein Wunder.

Keine Angst, das soll jetzt keine Neuauflage von „Das Kapital“ werden. Wenngleich man zugeben muss, dass der Kapitalismus wohl noch nie so exakt nach Marx‘ Prognose funktioniert hat, wie das zurzeit der Fall ist. Mein – zugegeben höchst vereinfachter – Exkurs ist allerdings nötig, will man einen der Faktoren verstehen, die Kinder und Eltern heute so erschreckend weit auseinanderbringen.

Der Kommunismus – und hier taucht er, versprochen, zum letzten Mal in diesem Buch auf – hat uns genützt. Nicht, weil irgendjemand von uns ernsthaft in ihm leben wollte, sondern als wichtige gesellschaftliche Gegenposition. Seitdem sie fehlt, haben wir die Märkte von der Kette gelassen – und das war ein Fehler. Denn nun haben *sie uns* ordentlich an der Kandare.

Immer mehr Deutsche arbeiten im Billiglohn-Sektor, viele müssen trotz Vollzeitjob Hartz IV beziehen. Eine Arbeitsstelle reicht zum Lebensunterhalt häufig nicht aus, eine zweite muss her, schlafen kann man dann als Rentner – wenn man nicht wegen zu niedriger Altersbezüge bis zum Tod weitermachen muss. In einem scheinbar reichen Land wie Deutschland kämpft ein nicht unerheblicher Teil der Bevölkerung ums tägliche Dasein, wie zu Zeiten der Industrialisierung. Dabei sind die Kinder damals wie heute – irgendwie im Weg.

Wir brauchen jede Hand, tönt es aus den Märkten. Viele Hände produzieren viel – und wenn sich einem am Zahltag dann viele Hände entgegenstrecken, dann braucht man auch in jede der Hände nicht mehr so viel Geld hineinzulegen. Trotz enorm gestiegener Produktivität ist die Kaufkraft der Deutschen in den letzten zehn Jahren kaum gestiegen – wenn man von einer zunehmend schmäler werdenden Oberschicht einmal absieht.

„Es geht nicht anders", stöhnt auch Sami Sormunen, und da hat er leider recht. Das System, das wir uns selbst geschaffen haben, zieht uns unbarmherzig in seinen Strudel: 8,9 Millionen Beschäftigte, also jeder vierte, arbeiten „ständig oder regelmäßig am Wochenende". Das geht aus einer Antwort der Bundesregierung auf eine Anfrage der Linksfraktion im Bundestag hervor. Auch die Schichtarbeit hat nach Angaben der Bundesregierung stark zugenommen. Von 2001 bis 2011 stieg die Zahl der Beschäftigten mit solchen Arbeitsrhythmen von 4,8 auf sechs Millionen. Flexibel muss man sein, sonst kriegt den Job ein anderer. Flexibel muss auch die Familie sein, und dabei hilft – Sie haben es erraten – ein umfassender Ausbau der Kinderbetreuung.

Nicht jeder in Deutschland ist Geringverdiener. Aber mit seinen Kindern leben, und sei es auch nur für drei oder vier Jahre, das darf auch er nicht. Auch Hochqualifizierte zieht es unweigerlich ins Hamsterrad, oder genauer gesagt, sie begeben sich scheinbar freiwillig selbst dorthin. „Die Erklärung liegt in den Erfahrungen, die ein Mensch sammelt – und die sein Gehirn formen, glaubt (Neurobiologe Gerald) Hüther", kann man auf Spiegel Online lesen.

Um es einfacher auszudrücken: Wir haben Angst.

Vom vollzeitarbeitenden, nützlichen Mitglied der Gesellschaft bis zum überflüssigen „Hartzer" ist es seit den 2010-Reformen nur noch ein Jahr. Wer sich nicht anpasst, kann tief fallen – sehr tief. Darauf will es keiner ankommen lassen, und so opfern wir unsere Lebensperspektiven quasi schon in vorauseilendem Gehorsam der Berufswelt.

Könnte es nicht auch sein, dass wir die Sache falschherum angehen?

Nein, die Märkte wird es *nicht* beruhigen, wenn wir ihnen diese und die kommende Generation opfern. Die Märkte sind nervös – und sie werden es auch bleiben, bis die Politik sie wieder im Griff hat. Solange dies nicht in einer bisher nie dagewesenen international koordinierten Aktion gelingt, wird die nationale Politik in immer neuen „Reformen" nur die Hebelgesetze des Kapitalismus weiter umsetzen und damit die gesellschaftliche Schere weiter öffnen, das Problem weiter verschärfen.

Kevin will nach Hause. Aber wir geben ihn weg, wenn es sein muss auch über Nacht, wenn es sein muss auch mehrere Tage lang. Nicht, weil es für Kevin das Beste ist, wie wir uns oft vorlügen, sondern weil wir das für unvermeidlich halten – weil wir Angst haben. Der Arbeitnehmer hat Angst vor seinem Chef, der Chef hat Angst vor seinem Konkurrenten. Im System der Märkte sind auch die Akteure immer nur Getriebene. Kevin spürt die Angst. Sie nistet sich in seinem Gehirn ein und wird auch ihn später dazu bringen, freiwillig selbst ins Hamsterrad zu steigen, wenn es sein muss bis zum Burn-out. Der Kreis schließt sich.

Wollen wir ihm das wirklich antun? Wollen wir *uns* das wirklich antun?

Die Gesetze der Märkte werden uns zwar oft als ähnlich unausweichlich dargestellt wie die Gravitation. Sie sind es aber nicht. Wir haben es in der Hand: Wir müssen solidarisch sein, wir müssen uns wieder politisieren und die Arbeitswelt auch wieder ein Stück weit an uns und unsere Kinder anpassen – nicht immer nur umgekehrt. Die Politik muss die Macht zurückgewinnen, sonst überlassen wir dem Kevin eine Welt, die auch ihm seine eigenen Kinder nicht mehr gönnen wird.

Jetzt mal bloß nicht zu schwarz sehen: Die Chancen stehen weniger schlecht, als so mancher glaubt. Die Sache mit den Märkten ist ja nicht das erste geradezu epische Chaos, das wir angerichtet haben, und wird wohl auch nicht das letzte sein.

Überall auf der Welt beginnt man, das System des ungezügelten Kapitalismus zu hinterfragen. Und der gähnende Abgrund, vor dem wir nun stehen, wird uns näher zusammenrücken lassen, in Europa und in der ganzen Welt. Wir haben den Kalten Krieg mit viel Glück überstanden und daraus gelernt. Wir werden auch diese Krise meistern – bleiben wir zuversichtlich, auch im Sinne unserer Kinder.

Frauenfragen und Che Guevaras Treppe

Wir hatten unser Ziel, Frauen finanzielle Unabhängigkeit zu ermöglichen, politisch durchgesetzt. Frauen waren nun nicht länger nur für den Haushalt zuständig. Männer waren nicht mehr die alleinigen Verdiener in der Familie. Endlich war der Skandal beseitigt, dass Frauen nur dann berufstätig sein durften, wenn sie ihre Familienpflichten nicht vernachlässigten oder wenn sie berufstätig sein mussten, weil die Einkünfte des Mannes nicht ausreichten. Jetzt waren endlich beide berechtigt, berufstätig zu sein. Das Recht auf Berufstätigkeit eröffnete den Frauen die Möglichkeit, finanziell unabhängig zu werden. Dieses Recht war die Grundvoraussetzung völliger ökonomischer Unabhängigkeit.

Alice Schwarzer, Stuttgarter Zeitung, 25. Februar 1995

Diese Feministinnen sagen den Frauen nicht: „Geld macht glücklich." Sie sagen: „Arbeit macht glücklich." Das ist marktkonformer Großraumbürofeminismus für eine Schicht, die bürgerlich leben darf. Dabei stören vor allem Kinder. Die neuen Frauenverwerterinnen predigen jungen Müttern, nicht zu lange zu pausieren, sich in der Arbeitswelt bloß keine offene Flanke zu geben. Wer schon Kinder kriegt, soll sie bitte mit dem Beruf vereinbaren und nicht umgekehrt. Diese Frauen sind so unpolitisch, nicht einmal zu merken, wie ein Arbeitgeberpräsident sie für seine Zwecke einspannt. Man darf sich fragen, ob es nicht seit jeher viel mehr die Ökonomie ist, die die Frauenfrage in diese Richtung peitscht, als der Feminismus.

Antje Schmelcher, FAZ, 28. April 2012

Vor diesem Kapitel habe ich mich bis jetzt ein wenig gedrückt. Hier nähern wir uns nämlich einem der schwierigsten Aspekte unseres derzeitigen Familienbildes. Deshalb will ich mal ganz harmlos anfangen – mit Che Guevara, dem Igel.

Es ist nun schon eine Zeit lang her, da kam meine Nachbarin mit einem recht ungewöhnlichen Anliegen zu mir. Sie hätte da einen Igel in ihrem Garten. Wie er da hineingekommen sei, wisse sie nicht, heraus könne er aber so leicht nicht mehr. Der Garten meiner Nachbarin ist nämlich von vier hohen Mauern umschlossen. *Mein* Garten hingegen hat über eine offene Hofeinfahrt Verbindung mit der

Außenwelt. Deshalb wäre es wünschenswert, so die Nachbarin, eine Art Igeltreppe über die Hofmauer von ihrem in meinen Garten zu bauen. Denn momentan wisse sie ja nicht, ob der Igel bei ihr bleibt, weil es ihm so gut gefällt – oder weil er halt nicht herauskann. Deshalb sollte der möglicherweise freiheitsliebende Igel – ich habe ihn damals Che Guevara getauft – jederzeit die Möglichkeit haben, zu gehen oder zu bleiben. Was Du liebst, lass‘ frei.

Das Verhältnis meiner Nachbarin zu Che Guevara, dem Igel, ist ein recht genaues Abbild von dem, was wir uns heute unter einer idealen Beziehung vorstellen: die Gemeinschaft unabhängiger Menschen. Sie sollen, sie müssen, jederzeit die Möglichkeit der freien Entscheidung haben.

An dieser Stelle brauchen wir noch einmal einen kleinen historischen Exkurs.

Das Beziehungsmuster nach dem Zweiten Weltkrieg sieht aus unserer heutigen Sicht in etwa so aus: Mann und Frau sitzen in einem Boot. Kapitän ist der Mann, er bestimmt den Kurs. Beide haben ihre feste Rolle an Bord: er der Ernährer, sie die Hausfrau. Jeder bleibt strikt bei seiner Rolle: Er kann nicht einmal unfallfrei eine Ravioli-Dose öffnen, sie hat über ihre hauswirtschaftlichen Kompetenzen keinerlei berufliche Ausbildung. Man ist aufeinander angewiesen, deshalb bleibt man an Bord, auch wenn man sich schon lange nicht mehr ausstehen kann.

Die „Nur“-Hausfrau von damals sehen wir heute im Allgemeinen als abhängige Befehlsempfängerin. Schließlich bezahlte der Mann mit seinem Gehalt den Lebensunterhalt – und wer zahlt, schafft an. Der Mann ist weltoffener Kosmopolit, der Horizont der Frau reicht über die Küche hinaus allenfalls zum nächsten Lebensmittelgeschäft.

Wer, wie ich, in einem „Nur“-Hausfrauen-Haushalt mit alleinverdienendem Familienvater aufgewachsen ist, der weiß, dass dieses Klischee nur zum Teil zutrifft. Die Dame des Hauses konnte ihre Interessen auch damals schon recht effektiv durchsetzen, und nicht jeder Ehemann der Vor-68er-Generation gebärdete sich zu Hause so wie „Alfred Tetzlaff“ aus einer früher recht bekannten Fernsehserie.

Dennoch muss man anmerken, dass es mit der Gleichberechtigung der Frau nicht sonderlich weit her war. Wollte sie ein Konto eröffnen oder eine Arbeit annehmen, brauchte sie damals – kein Witz – die Einwilligung ihres Ehemanns. Frauen hatten in der Arbeitswelt nicht viel verloren. Sie waren allenfalls als „Tippse“ geduldet – bis sie dann geheiratet wurden und zu Hause blieben. So betrachtete man seinerzeit logischerweise auch eine gute Berufsausbildung für Frauen als reine Zeitverschwendung.

Dass Frauen sich nicht derart als Menschen zweiter Klasse behandeln lassen wollten, ist aus heutiger Sicht mehr als verständlich. Zu den zentralen Anliegen der Frauenbewegung zählte dabei schon immer die Forderung nach der eigenen Unabhängigkeit. „Geld ist geprägte Freiheit", hat schon Dostojewski gesagt. Damit hat er nur allzu recht. Eigenes, selbst verdientes Geld ist heute mit die wichtigste Grundlage für ein unabhängiges, selbstbestimmtes Leben.

So kämpfte die Frauenbewegung schon von Anfang an darum, einer Erwerbsarbeit nachgehen zu dürfen. Wer arbeitet, hat sein eigenes Geld, zahlt selbst und schafft ergo auch selbst an. Die meisten Herren der Schöpfung konnten mit dieser Idee allerdings zunächst ausgesprochen wenig anfangen – so mancher von ihnen, weil er in seiner Frau tatsächlich so etwas wie ein Dienstmädchen sah.

In kaum einem Aspekt der Emanzipation ging es so ans Eingemachte, wurde so heftig gestritten, wie bei der Frage: Soll die Frau nun arbeiten oder nicht? In einer ideologisch hart geführten Auseinandersetzung gewann schließlich die Vernunft: Frauen sollen unser Erwerbsleben mit gestalten, davon profitieren wir heute alle.

Wenn man verstehen will, wie sehr die „Nur"-Hausfrau heute für viele von uns der Dödel der Nation, das Sinnbild der Unterdrückung, das Feindbild ist, dann muss man sich vergegenwärtigen, wie ungeheuer hart sich die Frau ihren gleichberechtigten Platz in unserer heutigen Gesellschaft erkämpfen musste.

Dass zu den Hoch-Zeiten des Geschlechterkampfes nicht der Mann die Rolle der Hausfrau und Mutter übernehmen wollte, braucht wohl nicht ausdrücklich erwähnt zu werden. Und daher war der Kevin damals bei der längst überfälligen Umstrukturierung der Gesellschaft – irgendwie im Weg. Für den Kevin musste man einen Platz finden, dann – und nur dann – konnte seine Mutter arbeiten und sich damit ein selbstbestimmtes Leben sichern. Damit waren sich wieder einmal alle einig: Grundlage für die Emanzipation der Frau ist – Sie haben es erraten – ein umfassender Ausbau der Kinderbetreuung.

Als langjähriger Lebensgefährte einer Erzieherin habe ich viel Zeit in Kindergärten verbracht und immer wieder die „Abholrallye" erlebt. Ich erinnere mich noch sehr gut an den BMW, der – beinahe schon auf zwei Rädern – um die Kurve schoss. Die Mutter kam um zwei vor fünf hereingerannt. Ihr Sohn kam ihr entgegen, freudestrahlend, und wollte ihr das Bild zeigen, das er gemalt hatte. Aber dafür blieb keine Zeit. Die Mutter reagierte gehetzt, fast schon aggressiv, so als hätte der Kleine allein schon mit seiner Anwesenheit etwas angestellt. Mit hastigen Bewegungen wurde er in seinen Anorak gestopft. Dann hasteten alle zur Tür.

Mir haben Mutter und Kind damals sehr leidgetan. Das ist schon viele Jahre her. Sicher, heute ist vieles einfacher, nicht mehr die ganze Hausarbeit bleibt an den Frauen hängen. Flexible Ladenschlusszeiten machen das Einkaufen nach der Arbeit einfacher – aber im Einzelhandel arbeiten halt auch Leute mit Kindern.

Kevin will nach Hause. Aber er ist in der Schlacht um die Gleichberechtigung irgendwie zwischen die Fronten geraten. Niemand wird wohl ernsthaft behaupten, Frau Schwarzer hätte etwas gegen Kinder. Niemand wird wohl ernsthaft behaupten, die Frauenbewegung hätte irgendein Interesse daran, Eltern und Kinder auseinanderzubringen. Sie sieht die Kinderbetreuung als Mittel zum Zweck, als einzig gangbaren Weg zu einer echten Gleichberechtigung, die wir auch 2013 noch keineswegs erreicht haben.

Dass wir nun aber dabei sind, das Kinder-Weggeben grotesk zu übertreiben, darf wohl als Kollateralschaden eines Geschlechterkampfes gewertet werden, der mit etwas mehr Augenmaß so nicht hätte sein müssen. Nach wie vor ist eine sachliche Diskussion über das richtige Maß und Ziel bei der Kinderbetreuung schwierig – ausgesprochen schwierig. Zu sehr wird das Thema immer noch von der Frauenpolitik überlagert. Frau, Kind und Haushalt sind aber doch nur dann ein Gegensatz, wenn sich die Betrachtung auf rein ökonomische Aspekte verengt.

Wer die im Übermaß ausgeweitete Kinderbetreuung anzweifelt, wird schnell als Reaktionär, als Frauenfeind tituliert. Dies zeigt aber doch nur, wie sehr die kapitalistische und materielle Selbstdefinition inzwischen auch das Verhältnis Mann-Frau beherrscht. Schon wieder begegnen uns nervöse Märkte und Anleger – als universelle Sinnstifter, die in diesem Fall auch von politisch links völlig unreflektiert anerkannt werden.

Wie sehr die Auseinandersetzung auch heute noch tobt, beweist – auch das kann ich Ihnen leider nicht ersparen – die Debatte um das Betreuungsgeld. Der Grundgedanke hört sich eigentlich ganz harmlos an: Wer sich um seine Kinder selbst kümmert, wer keine Betreuungseinrichtung nutzt, bekommt vom Staat ein bisschen Geld.

In Deutschland und in der EU gibt es ja insgesamt nicht gerade wenige Subventionen. Die bekommt man zum Beispiel, wenn man einen neuen Kuhstall baut, wenn man eine Aluminiumschmelze betreibt, sich Solarkollektoren aufs Dach setzt, ein Windrad aufstellt oder eine Kindertagesstätte aufmacht. Für Subventionen geben wir sehr, sehr viel Geld aus, aber für Aufregung sorgen sie eher selten.

Umso erstaunlicher ist allerdings das ideologische Gewitter, das seinerzeit über die Initiatoren des Betreuungsgeldes hereinbrach. Wohlgemerkt: Die CSU hat damals keineswegs gefordert, sämtliche Kinderbetreuungseinrichtungen in Marienkapellen oder Bierzelte umzufunktionieren; man hat keineswegs verlangt, alle Frauen mittels einer elektronischen Fußfessel an einen 200-Meter-Radius um ihren Herd zu ketten. Man hat halt eine Idee umgesetzt, die knapp 70 Prozent der bayrischen Bevölkerung für gar nicht mal so schlecht hielten. Für so etwas sind Politiker ja eigentlich da.

Ich persönlich bin – Sie haben es erraten – aus München, aber kein CSU-Wähler, und werde es wohl auch nie werden. Dennoch muss ich in diesem – und nur in diesem – Fall sogar für den nicht gerade unumstrittenen Herrn Dobrindt eine Lanze brechen. Denn die Diskussion um das Betreuungsgeld ließ – leider von politisch links – deutlich an Sachlichkeit vermissen. Sofort war das ausgesprochen dämliche Schlagwort von der „Herdprämie" geboren, sofort wurde als selbstverständlich vorausgesetzt, dass das Betreuungsgeld von den bayrischen Dumpfbacken doch zu nichts anderem gedacht sei, als die moderne Frau wieder zum biederen Hausmütterchen umzufunktionieren. Eine solche Diffamierung hat nicht einmal die CSU verdient.

Die typische Familie in Bayern hat man sich wohl so vorzustellen: CSU-Wählerin Theresia Bierbichler aus Penzberg wirft ihren Job hin, weil ihr Mann, CSU-Wähler Josef Bierbichler, vom Betreuungsgeld Wind bekommen hat. Sepp Bierbichler hat die geradezu fürstlich dimensionierte Herdprämie augenblicklich in Maß „Tegernseer Hell" umgerechnet und daraufhin seiner Gattin befohlen, sich nun gefälligst selbst um das Magermilchbankert zu kümmern – weil er ihr nämlich sonst einen seiner acht täglich geleerten Maßkrüge über den Schädel zieht. Sepp Bierbichler (rülpst): „Und wenn der von der Statistik kommt, Resi, dann sagst du: ‚Ich bin *für* das Betreuungsgeld' – hostmi?"

Diese zugegebenermaßen ausgesprochen bequeme Weltsicht lässt sich dann auch gut auf die durchschnittliche Migrantenfamilie ausweiten: Berfin Ötztürk aus Berlin-Neukölln wirft natürlich ebenfalls sofort ihren Job hin. Ihr salafistischer Haushaltsvorstand Mehmet Ötztürk hat die geradezu fürstlich dimensionierte Herdprämie augenblicklich in Haschisch und C4-Sprengstoff umgerechnet und befiehlt Berfin, nun gefälligst zu Hause bei den Kindern zu bleiben – weil er ihr nämlich sonst seine kalte Wasserpfeife …

Könnte es nicht auch sein, dass wir es uns da ein wenig zu einfach machen, dass wir da eine Konfrontation aufbauen, wo eigentlich keine ist?

Es ist leider nur allzu leicht, mit Begriffen wie „Herdprämie“ oder „Nur-Hausfrau“ Frauen auf die Palme zu bringen, es ist billig, Frauen auf diese Weise Angst zu machen und sie gegen den politischen Gegner auszuspielen. Es ist leicht, die ungeliebte CSU mit platten Schlagwörtern als reaktionären Männer-Stammtisch darzustellen. Doch auch wir Linken sollten dieser Versuchung widerstehen, sonst laufen wir Gefahr, uns gegen unsere eigenen Kinder auszuspielen. Hören wir doch endlich damit auf, jeden, der das zurzeit vorgeschriebene gesellschaftliche Mantra nicht rezitieren mag, gleich als fremdbestimmten oder gar böswilligen Deppen hinzustellen!

Nein, Kinder und ein selbstbestimmtes Leben schließen einander nicht aus – auch dann nicht, wenn man entscheidet, sich drei oder vier Jahre lang selbst um sie zu kümmern.

An dieser Stelle darf ein kurzer Blick in die Statistik erlaubt sein. In Bayern werden 20,6 Prozent aller Kinder unter drei Jahren in Krippen betreut, in Berlin sind es 41,9 Prozent. So oder so ähnlich haben wir das auch erwartet. Weniger gut ins Bild passt allerdings, dass in Berlin 63,6 Prozent aller Frauen von fünfzehn bis fünfundsechzig berufstätig sind – und in Bayern 68,7 Prozent.

Heutige Erwerbsbiografien sind lang – sehr lang. Sie beginnen zwischen sechzehn und dreißig und enden irgendwo jenseits der siebenundsechzig. Ist es denn wirklich ein so unerträglicher Gedanke, dass man mal für drei oder vier Jahre aus dem Hamsterrad der Märkte heraushüpft und sich auf sein Kind konzentriert?

Wie für meine Nachbarin – die mit dem Igel Che Guevara – ist auch für die moderne Beziehung Autarkie ein Schlüsselwort. An die Stelle der dümpelnden Barkasse, in der beide Eheleute sitzen, auf Gedeih und Verderb einander ausgeliefert, ist heute ein anderer Schiffstyp getreten: der schnittige Katamaran, zwei gleich große, gleich starke Rümpfe, die zusammen ein wendiges und doch ausgesprochen kippstabiles Duo ergeben.

Die Katamaran-Beziehung ist heutzutage sehr beliebt, und sie könnte auch das Modell der Zukunft werden. (Dazu muss man allerdings der Versuchung widerstehen, bei der ersten kleinen Meinungsverschiedenheit über den einzuschlagenden Kurs gleich sämtliche Mittelplanken zu kappen.) Aber seine Kinder muss doch auch der schnittige Katamaran nicht auf einem schlecht aufgeblasenen alten Radlschlauch an einer 30-Meter-Leine hinter sich herschleppen. Warum nehmen wir den Kevin nicht einfach mal ein paar Jahre lang mit ins Boot – mal auf dem rechten, mal auf dem linken Rumpf?

Das symmetrische Beziehungs- und Ehemodell bietet Chancen, die heute kaum eine Betreuungseinrichtung bieten kann. Erstmals seit langer, langer Zeit besteht – vielen Dank, Frau Schwarzer – die Möglichkeit, dass wir auch uns Männer, die Väter, wieder zu unseren Kindern bringen, dass auch sie eine entscheidende Rolle in den ersten drei Lebensjahren eines Kindes spielen.

Dazu gehört Mut: Wer sich für ein Leben mit seinem Kind entscheidet, begibt sich – wenn auch nur für kurze Zeit – in eine Abhängigkeit von seinem Partner! Was werden die Märkte sagen, wenn man eine berufliche Auszeit nimmt? Stehe ich als Heimchen am Herde da? Als dödeliger Pantoffelheld? Als verkappter Neonazi?

Sich selbst um seine Kinder zu kümmern, ist heute – leider – ein finanzielles und gesellschaftliches Risiko. Aber wir sollten es eingehen, wir sollten es auf Frau und Mann gleichmäßig verteilen – als gemeinsames Projekt, das uns vielleicht sogar näher zusammenbringt – näher als alle „Entlastungen", die uns die U3-Betreuung heute verspricht.

Che Guevaras Igeltreppe wurde übrigens nie gebaut. Vielleicht hatte die Nachbarin andere Probleme, vielleicht hat sie sich von meinen Bedenken abschrecken lassen, man müsse da erst einmal die Eigentümergemeinschaft fragen. Aber wer weiß, wofür's gut ist: Vielleicht hätte die allzu auffällig dargebotene Igeltreppe Che Guevara nur auf dumme Ideen gebracht. Vielleicht hätte er sie nicht als Option, sondern eher als Aufforderung missverstanden. Vielleicht hätte er die Leiter wider seine Überzeugung bestiegen – und wäre dann gleich nach der Hofeinfahrt unter die Räder gekommen. Vielleicht können wir sogar von Che Guevara und der Nachbarin etwas über unser eigenes Beziehungsmodell lernen.

Aber das ist jetzt reine Spekulation.

Können wir's denn überhaupt noch?

So drastisch es klingt, manchmal wäre es wirklich sinnvoller, Kinder direkt nach der Geburt in eine andere Obhut zu nehmen, das ist bitter, aber es ist so. Mir macht es große Sorgen, dass Eltern nicht mehr in der Lage zu sein scheinen, ihre ureigenen Aufgaben zu erfüllen.

Frank Baranowski, Oberbürgermeister von Gelsenkirchen, auf Spiegel Online

Selbst hochgelobte Einrichtungen wie die Kreuzberger Kita Villa Waldemar stoßen an ihre Grenzen, wenn die wichtigste Sprache im Sandkasten türkisch ist. Ein Spracherwerb beim Spielen findet hier nicht statt.

Spiegel Online 13. 12. 2012

So mancher hat sich schon gefragt, warum sich eigentlich immer diejenigen zu Talent- und Castingshows melden, die nun wirklich überhaupt nicht singen können. Der Dilettant neigt zu Selbstüberschätzung. Diese Tatsache wird auch als Dunning-Kruger-Effekt bezeichnet: Wer keine Ahnung von der Materie hat, merkt eben auch nicht, wie viel er falsch macht.

Umgekehrt hat man aber auch festgestellt, dass mit steigender Kompetenz die Selbstkritik wächst. Wer viel Ahnung hat, erkennt eben auch viel besser, wie viel er falsch macht oder falsch machen könnte. Dementsprechend kritischer ist er auch gegenüber sich selbst. Wer in einer Band spielt, wie ich, der kennt das nur zu gut: Man kann üben so viel man will, subjektiv wird man einfach nicht besser.

Vielleicht ist das ja die Erklärung dafür, dass wir uns immer mehr die Kompetenz absprechen, uns selbst um unsere eigenen Kinder zu kümmern. Ratgeber-Bücher, hat mein Verleger gesagt, sind nach wie vor der Renner, besonders zu kontroversen Themen, besonders im Erziehungsbereich. Es vergeht kein Tag, an dem nicht eine neue Patentlösung für den Umgang mit Standardproblemen präsentiert wird, kein Tag, an dem man uns nicht erklärt, wie zum Beispiel mit dem Wutanfall des Dreijährigen umzugehen oder nicht umzugehen sei. (Keine Angst, ich erspare Ihnen mein ganz persönliches Patentrezept.)

Zahllose Autoren schreiben, was man mit seinen Kindern alles falsch machen kann. Das fängt bei der früh-frühest-kindlichen Bildung an. Denn wer glaubt, dass man wenigstens im Bauch seiner Mutter vor der Bildungs-Dauerberieselung sicher sei, der irrt bekanntermaßen. Längst gibt es auch Programme, die weit vor der Geburt ansetzen. Wer sich also nicht gleich nach dem positiven Schwangerschaftstest einen Lautsprecher auf den Bauch schnallt, hat möglicherweise schon alles verbockt – noch bevor er seinen Stammhalter zum ersten Mal im Arm hat.

Und dann erst die Vorgaben für die frühkindliche Bildung von Null bis Sechs – unmöglich selbst zu stemmen, wie bereits erwähnt. Und was man dann auch noch bei der ganz gewöhnlichen Erziehung theoretisch alles falsch machen kann! Man könnte sich ja durch die Lektüre einschlägiger Fachliteratur fit machen. Leider kommt aber noch erschwerend hinzu, dass sich die einzelnen Erziehungsratgeber geradezu diametral widersprechen. Die Konsequenz scheint logisch: Auch wer glaubt, selbst über eine ganz gute Bildung zu verfügen, lässt von seinem Nachwuchs besser die Finger – die Gefahr, hier etwas zu vermurksen, ist einfach zu groß!

Was Otto-Normalbürger schon nicht schafft, ist für bildungsferne Randgruppen natürlich gänzlich außer Reichweite. Besonders das Kind von Hartz-IV-Empfängern profitiert von der möglichst frühzeitigen Trennung, ist so mancher Sozialexperte überzeugt. Denn bei den Eltern ist ja offensichtlich sowieso Hopfen und Malz verloren. Dass man denen nicht auch noch die eigenen Kinder an die Hand geben kann, liegt ja wohl auf derselben.

Und dann erst die Typen mit dem Migrationshintergrund: Kein ordentliches Deutsch sprechen, „Nur"-Hausfrau sein – und dann auch noch die eigenen Kinder haben wollen. So haben wir aber nicht gewettet, liebe Frau Öztürk! Was für Ihre Familie gut ist, das wissen unsere Experten besser: *Sie* haben wir ja inzwischen abgeschrieben. Aber Ihren Filius, den geben Sie, bitteschön, gleich mal ab, damit er was Gescheites lernt – zum Beispiel, dass Kinder bei ihren Eltern nichts verloren haben.

Womit wir uns wieder einmal alle einig wären: Kindererziehung ist mittlerweile so anspruchsvoll, dass wir sie selbst nicht mehr können. Wenn wir die kommende Generation nicht komplett in den Sand setzen wollen, hilft nur – Sie haben es erraten – der umfassende Ausbau der Kinderbetreuung.

Könnte es nicht auch sein, dass wir die Leute da schlechter machen als sie sind?

Kevin *will* manchmal in den Sand gesetzt werden – am liebsten mit Schaufel und

Förmchen, am liebsten sogar von den eigenen Eltern. Kevin will nach Hause – aber da darf er nicht hin, weil uns alle weismachen, dass bereits geringste Kinder-Bedienfehler beim Kevin zum Entwicklungsstörfall führen könnten und später zum pädagogischen und gesellschaftlichen Super-GAU.

Nein, wir haben das Erziehen in den letzten zwanzig Jahren nicht verlernt.

Natürlich muss jeder Vater und jede Mutter Erziehung erst lernen. Aber das ist bei Weitem nicht so schwierig, wie es heute oft dargestellt wird. Die Natur gibt uns sehr feine Antennen für unsere Kinder und den Kindern sehr feine Antennen für ihre Eltern. Wir sind sozusagen als Team konzipiert, und das hat in den letzten hunderttausend Jahren ganz gut funktioniert. Unsere Welt mag komplizierter geworden sein, aber die Kinderbetreuung können wir dennoch nach wie vor selbst. Das dürfen wir uns Otto-Normalos auch ruhig zutrauen.

Ein liebevoller Vater oder eine liebevolle Mutter kann auch sein, wer von den Märkten und Anlegern nicht mehr gebraucht wird. Auch wer von unserem System ausgespuckt wurde wie ein leergelutschter Kaugummi, wer von der Agentur für Arbeit als „Betreuungskunde" abgeschrieben ist, hat ein Recht auf ein Leben mit seinen Kindern.

Menschen in Hartz IV abzuschieben und dann einfach aufzugeben, ist ja an sich schon schlimm genug. Aber wir setzen gerne noch eins drauf. Nicht nur, dass wir dem Menschen in völlig sinnlosen Arge-Fortbildungen und Ein-Euro-Jobs jede Selbstachtung nehmen. Wir erklären den Sozialhilfeempfänger auch noch zum Träger der Erbsünde des Misserfolges. Wir nehmen ihm seine Kinder weg, damit sie sich nicht bei ihm und seinem verkorksten Leben anstecken. Eine solche Vorverurteilung ist doch an gesellschaftlichem Zynismus kaum noch zu überbieten. Könnte man denn nicht auch die Hartz-IV-Empfänger so weit in unsere Gesellschaft zurückholen, dass sie für ihre eigenen Kinder keine Gefahr mehr darstellen? Könnten denn nicht gerade die eigenen Kinder ein sinngebendes Element sein – für Menschen, die für die Märkte längst zwecklos geworden sind?

Ein liebevoller Vater oder eine liebevolle Mutter kann auch sein, wer einen Migrationshintergrund hat. Auch wer von unserem System nie akzeptiert wurde, wer aus eigenem oder gesellschaftlichem Verschulden außen vor blieb, dem darf man seine Kinder nicht wegnehmen, weil sie dann besser Deutsch lernen. Auch einem Migrantenkind sollten wir zubilligen, dass es die ersten drei bis vier Jahre bei seinen Eltern verbringt, dass es dort auch seine Muttersprache lernt. Sicher, im Kindergarten lernt man gut Deutsch – allerdings nur, wenn dort auch viele Deutsche sind. Und gerade das ist eben genau dort nicht der Fall, wo die sprachliche und kulturelle Integration am notwendigsten wäre. In Problemzonen von Berlin oder Gelsenkirchen sammeln sich Migranten und sozial Ausgegrenzte. Man bleibt unter sich, auch in der Kita. In manchen Berliner Bezirken haben an die 90 Prozent aller unter Sechsjährigen einen Migrationshintergrund (Stand 2009).

Nein, Migrantenkinder können keine Migrantenkinder in die deutsche Gesellschaft integrieren. Diese integrative Funktion der Kita ist meist reines Wunschdenken. Wollte man sie wirklich erreichen, müssten die Kinder nach pädagogischen Gesichtspunkten aufgeteilt werden. Dies ginge aber doch nur über eine behördlich verordnete Zwangseinweisung, die nie und nimmer durchsetzbar wäre – weder rechtlich noch gesellschaftlich.

Sicher, es wird immer wieder betont, die Eltern würden bei der angestrebten kulturellen Integration in der Kita „miteinbezogen". Aber prinzipiell beruht diese Art der Förderung eben auch auf Separation. Man versucht, Probleme, die eine ganze Familie betreffen, dadurch zu lösen, dass man Teile aus der Familie herauslöst.

Soziale Auflösungserscheinungen werden gerade in Problemfamilien immer deutlicher. „Zum Beispiel gibt es in vielen dieser Familien keinen gemeinsamen Tisch mehr, jeder sitzt irgendwo, vor dem Computer, dem Fernseher, auf dem Bett", beklagt der Oberbürgermeister von Gelsenkirchen. Naja, was soll man auch mit einem gemeinsamen Tisch anfangen, wenn jeder sein Essen in irgendeiner Einrichtung bekommt? Desintegration ist ein generelles Problem unserer individualistisch geprägten Gesellschaft. Und da soll die Lösung des Problems ausgerechnet in einem Ausbau der Kinderbetreuung liegen? Also in einer weiteren Intensivierung der ohnehin zu beobachtenden Separation?

Wer versucht, bei den Kleinen nachzuholen, was bei den Großen versäumt wurde, der wird scheitern. Das zeigt die Praxis. In Berlin wird 60 Prozent mehr Geld für Kinder und Jugendförderung ausgegeben als etwa in Bayern. Dennoch erreicht im Bundesländer-Vergleich ein Viertel der Kinder aus der Bundeshauptstadt nicht einmal die Mindeststandards, beim Lesen ist es ein Fünftel, das hinterherhinkt. Trotz eines umfassenden Ausbaus der Kinderbetreuung.

Nein, dem Aufbau einer Parallelgesellschaft werden wir nicht begegnen können, indem wir versuchen, die soziale Brechstange mitten in der Familienstruktur ausländischer Mitbürger anzusetzen. Berfin Ötztürk überlässt zwar nach außen hin die Repräsentation ihrer Familie ihrem Mann, aber sie hat zu Hause oft mehr zu sagen, als wir gemeinhin so glauben. Berfin Ötztürk bleibt zu Hause – aber möglicherweise nicht, weil ihr Mann ihr sonst eine schallert, sondern weil die Familie bei ihr eben einen anderen Stellenwert hat. Dass sie unser mittlerweile etwas eigenartiges „Familienbild" nicht so recht annehmen will, kann der, der dieses Buch bis jetzt aufmerksam gelesen hat – irgendwie verstehen. Und wenn wir weiter versuchen, sie gegen ihre Überzeugung von ihren Kindern weg zu sozialisieren, dann werden wir nur eine Gegenreaktion ernten – eine weitere gesellschaftliche Separation, die in diesem Fall nur allzu verständlich ist.

Dazu noch ein paar interessante Zahlen (danke, Herr Senol für Ihren hervorragenden Blog): Eine Integrationsstudie aus dem Jahr 2009 ermittelte bei türkischstämmigen Frauen eine „Hausfrauenquote" (das ist übrigens mein Vorschlag für das Unwort des Jahres) von 48 Prozent. Ha, wussten wir's doch, Berfin will sich nicht integrieren! Gleichzeitig jubelte das Familienministerium, die Geburtenrate sei in Deutschland zwischen 2006 und 2007 gestiegen – von 1,33 auf 1,37. Das ist nicht eben so die Masse und wird unseren rapiden Bevölkerungsschwund nicht aufhalten. Aber immerhin zeigt sich da schon die erste positive Auswirkung – des umfassenden Ausbaus der Kinderbetreuung. Oder vielleicht doch nicht? Parallel dazu – Mist! – wurde festgestellt, dass bei der Aufschlüsselung der Haushaltsgrößen nach Familien mit zwei oder drei Kindern – Türken mit 63,3 Prozent die Tabelle anführen.

Na, was jetzt? Erst braten wir Berfin eins über, weil sie sich als „Nur"-Hausfrau unserem vorgeschriebenen Gesellschaftsmodell entzieht, und dann klopfen wir ihr auf die Schulter, weil gerade sie es war, die zur langersehnten Erhöhung der Geburtenrate beigetragen hat – und das unpassenderweise auch noch ganz ohne umfassende Kinderbetreuung. Wir wollen jetzt mal lieber nicht den Zusammenhang zwischen „Nur"-Hausfrauen und Kinderanzahl weiter nachmessen – sonst fallen uns zu viele vom einzig selig machenden Glauben ab. Aber könnte es nicht auch sein, dass wir von unseren ausländischen Mitbürgern zuweilen auch einzelne ganz positive Impulse bei der Familienpolitik bekommen könnten?

Okay, okay – war ja nur so ein Gedanke.

Können es andere besser?

Schon derzeit kann eine Kita in vielen Regionen froh sein, wenn sie freie Stellen überhaupt wieder besetzen kann. Auf die spezielle Qualifikation einer Fachkraft, auf ihre Begabung im Umgang mit Kindern kann die Einrichtung dabei kaum noch Rücksicht nehmen. Gleichzeitig sinkt der Druck auf die Erzieher, sich von sich aus weiterzubilden oder Zusatzqualifikationen zu erwerben.

Diese Situation wird sich in den kommenden Jahren verschärfen, denn um den Rechtsanspruch zu erfüllen, werden weitere Zehntausende Fachkräfte gebraucht. Weil die Ausbildung von Erziehern jedoch mindestens drei Jahre dauert, lässt sich diese Lücke in nur einem Jahr nicht mehr schließen.

Die Bundesregierung will deshalb vor allem Tagesmütter und -väter anwerben, die lediglich einen Kursus von etwa sechs Wochen absolvieren müssen. Von denen, die schon heute in dieser Funktion arbeiten, haben 40 Prozent sogar gar keine Ausbildung. Auch wenn ein großer Teil dieser Pflegekräfte sicherlich trotzdem gute Arbeit macht: Allein die massive Werbung für diesen Beruf wird dazu führen, dass auch viele Menschen sich davon angesprochen fühlen, denen es eher um den Job als um die Kinder geht.

Zwar versichert die Ministerin, Bufdis (früher: Zivis) sollten keinesfalls die Aufgaben von Fachkräften übernehmen. Und doch weiß jeder, dass Praktikanten und andere Hilfskräfte sehr schnell in eine solche Rolle hineinwachsen, wo Not am ausgebildeten Personal ist.

Kommentar von Katharina Schuler, Zeit online

„Vielleicht hätte man jemanden fragen sollen, der was davon versteht.“

Dieser Werbespruch spiegelt unser Verständnis von der modernen, arbeitsteiligen Gesellschaft recht gut wider. Unsere Welt ist kompliziert, macht aber nichts, dafür gibt es ja für alles einen Spezialisten. Läuft etwas schief, liegt es meist daran, dass da ein Pfuscher am Werk ist, der eben nichts davon versteht.

Als Pfuscher werden leider heute auch viele Erziehungsberechtigte gesehen – weil sie in den Märkten erfolglos blieben, einen Migrationshintergrund haben – oder vielleicht nur Ansichten, die vom obligatorischen gesellschaftlichen Konsens abweichen. Naja, Pfuscher, das ist jetzt ein wenig übertrieben. Aber zumindest herrscht landläufig die Ansicht, dass man auch für die Erziehung unbedingt Profis braucht. Die können es besser, wofür haben wir sie denn sonst auf die Fachakademie geschickt?

Folglich ist es auch nicht so schlimm, wenn der Nachwuchs zunächst einige nicht so wünschenswerte Verhaltensmuster an den Tag legt. Mit acht Monaten kommt er ja sowieso in die Krippe. Die werden das dann schon wieder geradebiegen. Ich bin dann mal weg, die Märkte beruhigen. Sind die Anleger dann weniger nervös, komme ich wieder und hole mir meinen frisch zurechtgebogenen Sprössling wieder ab. Dann macht die Stunde bis zum Schlafengehen doch gleich viel mehr Spaß.

Womit wir uns wieder einmal alle einig wären: Unsere Kinder selbst zu erziehen ist schwierig, damit fangen wir am besten gar nicht erst an. Das überlassen wir geschulten Spezialisten – die wir ja schließlich geradezu fürstlich dafür bezahlen. Unsere Kinder schicken wir lieber in staatliche und private Institutionen, zu den Profis. Und das geht nur – Sie haben es erraten – über einen umfassenden Ausbau der Kinderbetreuung.

Könnte es nicht auch sein, dass wir uns die Sache ein wenig zu einfach machen?

Kevin will nach Hause. Aber wir geben ihn lieber anderen Leuten – vielleicht auch, weil wir uns damit selbst aus der Verantwortung stehlen wollen.

Nein, andere Leute können es nicht besser. Auch wer eine mehrjährige Erzieherinnen-Ausbildung hinter sich hat, kann die Eltern allenfalls ergänzen, aber niemals vollständig ersetzen.

Ich möchte keineswegs behaupten, dass Erzieherinnen und Kinderpflegerinnen ihre Sache nicht sehr gut machen. Aber selbst die Verfechter des Kinderbetreuungssystems sehen das bislang Erreichte als äußerst unzureichend an. In Studien wird regelmäßig eingeräumt, dass nur ein sehr geringer Prozentsatz der untersuchten Einrichtungen den gewünschten und geforderten Standards tatsächlich entspricht.

Und so wird immer mehr Geld gefordert, das allerdings im System rückstandslos zu versickern scheint. 580,5 Millionen Euro stellte der Bund 2012 zusätzlich für den Ausbau der Kinderbetreuung zur Verfügung. Das Bundeskabinett beschloss, mit dem Geld 30.000 zusätzliche Betreuungsplätze für Kinder unter drei Jahren zu finanzieren.

Alles nur ein Tropfen auf den heißen Stein, schallt es da gleich zurück. Erst kürzlich befand ein Team von Wissenschaftlern um den Berliner Frühpädagogen Wolfgang Tietze im zweihundert Seiten starken Abschlussbericht zur NUBBEK-Studie („Nationale Untersuchung zur Bildung, Betreuung und Erziehung in der frühen Kindheit") nur drei Prozent der Krippen für gut. Ja, Sie haben richtig gelesen: Für 97 Prozent der Kinder ist die Betreuungssituation mittelmäßig bis schlecht.

Die Politik tut also immer noch viel zu wenig? Das stimmt nicht ganz. Die Institutionalisierung der Betreuung unter Dreijähriger scheint nach wie vor eines der höchsten gesellschaftlichen Güter zu sein. So wichtig ist sie, dass man sie nun – endlich – auch gesetzlich verankert hat.

Seit August 2013 besteht ein Rechtsanspruch auf U3-Betreuung. Anscheinend vertraut die Politik ihrer eigenen Strategie so wenig, dass sie sich gerne ihre eigene Justiz zum Gegner machen möchte. Wer sein Kind also nicht losbringt, darf die Kommune verklagen. Ob das Verhältnis zu den Bürgern durch solche Aktionen besser wird, mag bezweifelt werden. Aber die Lobby der Hut-Sucher ist stark und hat sich durchgesetzt.

Und so haben die finanziell ohnehin überlasteten Gemeinden nun ein Problem mehr. Wo sollen sie all die neuen Kita-Plätze auf einmal hernehmen, wo soll das Personal herkommen? Dass dieser Hau-Ruck-Ausbau nicht unbedingt zu einer Verbesserung der Qualität führt, liegt auf der Hand. „Verstehen Sie Kinder", ist da auf einer Plakataktion zu lesen, „na dann werden Sie doch Tagesmutter und Tagesvater."

Tagesmutter und Tagesvater zu werden ist nämlich einfacher, als so mancher denken mag. Sieben Schritte sind es zum Beispiel in München vom Laien zum U3-Betreuer. Das beginnt mit dem Besuch einer Info-Veranstaltung und einem persönlichen Gespräch, geht weiter mit einer zweitägigen Hospitation und mündet schließlich in zwei Kursen von insgesamt einhundertsechzig Unterrichtsstunden à fünfundvierzig Minuten. Dann noch eine Prüfung abgelegt, und schon kann man das System um einige Plätze erweitern.

Einhundertsechzig Stunden, das ist natürlich besser als nichts. Es wäre aber wohl übertreiben, zu behaupten, es handle sich hier um eine in jeder Hinsicht fundierte Ausbildung. Man stelle sich nur vor: Man bringt seinen nagelneuen BMW in die Inspektion, und der Meister erklärt freudestrahlend, er habe nun einen neuen Mitarbeiter, und der habe diesen neuen 160-Stunden-Schnellkursus zum Automechaniker gemacht … So mancher würde seinen fahrbaren Untersatz doch gleich wieder mitnehmen. Bei der U3-Betreuung scheint allerdings so mancher Crash-Kurs ausreichend.

Das soll jetzt, bitteschön, keine Kritik an der Stadt München sein. Die versucht ja nichts anderes, als umzusetzen, was Sozialpolitiker für theoretisch richtig und unumgänglich halten und daher gleich in Rechtsform gegossen haben. Betreuungsplätze sind knapp, und sie werden es in nächster Zeit auch bleiben, weil eben Fachkräfte nicht auf Bäumen wachsen. Und so wird man eben jeden, der bei drei noch nicht auf dem Baum ist, zur Fachkraft machen. Not macht bekanntlich erfinderisch. Schon liegt der Vorschlag auf dem Tisch, auch Hartz-IV-Empfänger im Crash-Kursus zur U3-Fachkraft weiterzubilden. Sie haben richtig gelesen: Das sind dieselben Hartz-IV-Empfänger, die man eben noch glaubte, von ihren eigenen Kinder fernhalten zu müssen. So einfach kann man im zeitgemäßen Sozialsystem also vom Saulus zum Paulus werden.

Ist es denn wirklich so plausibel, dass eine Kinderpflegerin, die sieben Kleinkinder zu betreuen hat, es besser macht als die Kindesmutter, der Kindesvater? Soll es ein weitergebildeter Arbeitsloser besser können als wir selbst? Ja, aber wenn das System nur ordentlich ausgebaut wäre, mag man nun einwenden. Mit solchen Aussagen sollte man aber vorsichtig sein. Sonst läuft man nämlich Gefahr, zuzugeben, wie unvollkommen es zurzeit ist – wie himmelweit man vom oft als gegeben angesehenen Ideal noch entfernt ist.

Natürlich kann man viel darüber fantasieren, was denn nun wäre, wenn meine Tante einen – ähem – Bart gehabt hätte, wenn das Kinderbetreuungssystem ausschließlich mit Akademikerinnen und Akademikern besetzt wäre, wenn man aus einer Vielzahl von unterschiedlichen Angeboten das auswählen könnte, das zur eigenen Situation passt.

Aber machen wir uns doch nichts vor. Manche sagen ja, die öffentlichen Kassen wären leer. Das ist allerdings die Untertreibung des Jahrhunderts: Dort, wo eigentlich das Geld sein sollte, klafft ein gewaltiges Loch aus Schulden, das wir sicher nicht aus eigener Kraft werden schließen können. Wer hier auf eine neue Investitionswelle hofft, wird auch in den nächsten Jahren wohl nicht mehr als ein Rinnsal vorfinden.

Andererseits wollen wir das bestehende Kinderbetreuungssystem nun verbreitern – koste es, was es wolle. Masse statt Klasse könnte der Wahlspruch für die Zukunft sein, eine Entwicklung, die in mehreren ostdeutschen Städten bereits sichtbar wird. Dort entstehen Riesenkitas für bis zu 400 Kinder zwischen einem und sechs Jahren. Denn eine Klagewelle und eventuelle Regressansprüche will schließlich niemand riskieren. Schon warnt die Diplom-Sozialpädagogin und Sachverständige für Frühpädagogik, Ilse Wehrmann, vor dem „chinesischen Weg der Massenunterbringung“, den sie für „Wahnsinn“ hält.

Der britische Wissenschaftler Sir Richard Bowlby betonte schon 2007, dass Babys und Kleinkinder nur dann stressfrei fremdbetreut werden können, wenn sie zu der sekundären Bezugsperson ein sehr enges Verhältnis aufbauen können. Gelinge dies nicht, so Bowlby, werde die Fremdbetreuung zum Risikofaktor für spätere psychische Probleme und asoziales Verhalten. Der Stress für die kindliche Seele werde dabei nicht immer für jeden sichtbar. Einige geschädigte Kinder verhielten sich äußerlich unauffällig, viele würden deswegen sogar als unproblematisch eingestuft – obwohl die Trennung für sie eben doch ein gewaltiges Problem sei (Stress in Daycare, Sir Richard Bowlby 2007). Dass der Aufbau einer engen Beziehung zu einer Betreuungsperson, die schlecht ausgebildet und überlastet ist, gelingt, darf stark bezweifelt werden. Und so wird die Krippenbetreuung in den meisten Fällen eben doch zum Risikofaktor, auch wenn uns das nicht immer gleich auffällt.

In älteren Erziehungsratgebern wird immer wieder geraten, man soll ein Kind, das nicht im Bett bleiben will, doch einfach schreien lassen. Irgendwann gibt der renitente Sprössling auf, fügt sich in sein Schicksal und schläft ein. Am nächsten Tag wird sein Protest schon deutlich kürzer ausfallen. Man muss nur hart bleiben … Diese Schocktherapie wirkt, das wurde in unzähligen Familien bereits bewiesen. Ob sie gut für die Seele des Kindes ist, mag allerdings bezweifelt werden.

Wissen wir denn so genau, dass es bei der Eingewöhnung in die Kita anders läuft? Wissen wir, ob Kevin wirklich nicht nach Hause will? Wissen wir wirklich, ob er die Erzieherin oder den Erzieher als sekundäre Bezugsperson akzeptiert hat, dass es ihm in der Kita mindestens so gut gefällt wie daheim? Was, wenn Kevin einfach nur resigniert hat? Weil er vielleicht fühlt, was von ihm gefordert wird? Was, wenn er sich in das Unvermeidliche fügt, wie das nicht schlafen wollende Kind, dass man in seinem Zimmer einfach sich selbst überlässt? Babys und Kleinkinder geben oft keine deutlichen Signale, sie protestieren nicht wie Erwachsene. Aber sie leiden dennoch.

Was uns da als Vorteile der U3-Betreuung verkauft wird, ist zum großen Teil reines Wunschdenken. Hier wird uns eine Realität vorgegaukelt, die wir vielleicht in vielen, vielen Jahren mit schier beliebig viel Geld erreichen könnten. Zwischen dem hehren Anspruch an die Kita als Teil des Bildungssystems, zwischen der naiven Vorstellung von den wohl ausgebildeten Profis, die es schon richten werden, und der Realität klafft eine Lücke von der Größe des Grand Canyon. Und so wird es für die meisten Eltern wohl noch viele, viele Jahre ganz vom Zufall abhängen, wen sie da in einer hochsensiblen Entwicklungsphase auf ihre Kinder loslassen.

Wollen wir dieses Risiko wirklich eingehen?

Auch wenn es noch so verführerisch klingt. Kein Experte der Welt, keine noch so gute Erzieherin kann uns aus der Verantwortung für unsere Kinder entlassen. Was wir mit ihnen machen, müssen wir selbst gegenüber der Gesellschaft verantworten – und gegenüber unserem Gewissen.

... und wenn ein Engel herniederstiege?

Zukünftige Generationen werden unsere Lebensläufe einmal als irrational bezeichnen. Wir komprimieren unser Arbeitsleben in die Zeit, in der wir Kinder bekommen und groß ziehen könnten. ... wir verschieben die Freizeit unsres Lebens auf jene Jahre, in denen wir keine Kinder mehr zeugen können und die eigenen Kinder unsere Zeit und Kraft kaum mehr benötigen.

James W. Vaupel, Gründungsdirektor des Max-Planck-Instituts für demografische Forschung in Rostock. Frankfurter Allgemeine Zeitung, 8. April 2004.

Die Erwerbsgesellschaft ist imperialistisch und schickt sich an, die Familie zu erobern. Mit dem Programm Kinderhort, Kindertagesstätte, Kindergarten, Ganztagsschule, Ferienbetreuung ist die Kindheit nahezu vollkommen verstaatlicht. Nur noch die Schlafzeit ist fest in Händen der Familie. Wahrscheinlich kommt der aufgeregte Eifer der Schulreformen erst dann zur Ruhe, wenn das ganze Leben – von der Wiege bis zur Rente – in ein staatliches Rundum-Internat gezwängt ist.

Norbert Blüm, CDU, 1982 bis 1998 Arbeits- und Sozialminister. Die Zeit, 11. Oktober 2012

Unser Kinderbetreuungssystem ist schon jetzt qualitativ unzureichend, das bestreiten nicht einmal seine Befürworter. Durch die nun angestrebte überhastete Expansion müssen die ohnehin knappen Ressourcen auf eine größere Anzahl an Einrichtungen aufgeteilt werden. Damit wird die Qualität noch schlechter werden als sie ohnehin schon ist.

Man könnte jetzt noch mehr Geld fordern, noch mehr Initiativen – aber sollen wir das wirklich?

Nehmen wir doch einmal an, ein Engel würde herniedersteigen und uns das gewünschte System schenken – so allumfassend, wie es sich so mancher heute erträumt. Würde er uns damit wirklich einen Gefallen tun?

Ich denke nein.

Auch ein noch so ausgefeiltes Betreuungssystem wird die eigenen Eltern in den ersten drei Lebensjahren nicht ersetzen können. Ob Kinder in dieser Entwicklungsphase überhaupt Beziehung zu einem Fremden aufbauen, ist auch in Fachkreisen umstritten.

Von einer gelungenen Eingewöhnung geht man heute zum Beispiel dann aus, „… *wenn sich das Kind von der Erzieherin oder dem Erzieher nach dem Abschied von seiner primären Bezugsperson aktiv trösten lässt und danach konzentriert spielen kann bzw. wenn sich das Kind von der Erzieherin oder dem Erzieher füttern und wickeln oder schlafen legen lässt.*“ (Bildungs- und Erziehungsempfehlungen für Kindertagesstätten in Rheinland Pfalz, Kinder von null bis drei Jahren)

Wird die Eingewöhnung wirklich bei allen Kindern gelingen? Was ist, wenn nicht, wenn Kevin partout nicht will? Dann wird er eben müssen! Denn dass er untertags betreut wird, ist in vielen Lebensplanungen schon vor seiner Geburt fest eingeplant gewesen. Wie sehr wird er darunter leiden? Wie unglücklich werden wir ihn machen? Können wir wirklich ausschließen, dass er seelische Schäden davonträgt?

Was ist, wenn nach der „gelungenen Eingewöhnung“ die Betreuungsperson wechselt? Das gibt es – das wird es in Zukunft öfter geben. Erzieherinnen sind gefragt, aber nicht eben üppig bezahlt. Viele sind unzufrieden mit dem jetzigen und umworben vom nächsten Arbeitgeber. Die Fluktuation wird ansteigen, davon müssen wir einmal ausgehen. Was machen wir, wenn die Bezugsperson wieder und wieder wechselt? Nehmen wir dann jedes Mal ein paar Wochen Urlaub für eine erneute, schonende Umgewöhnung?

Jetzt bin ein wenig vom Thema abgekommen. Ich schreibe gerade von einer idealen Kita, die uns von einem herabgestiegenen Engel geschenkt wurde. Dort gibt es natürlich auch keine Fluktuation, dort wir auch niemals jemand krank. Was aber ist, wenn die Eingewöhnung dauerhaft gelingt – so gut gelingt, dass der Kleine ruhig auch mal etwas länger bleiben, dass das berufliche Engagement weiter verstärkt werden kann? Wird dann die Kita nicht schnell von einer familienergänzenden zu einer konkurrierenden Einrichtung? Können wir uns sicher sein, dass die Mutter und der Vater immer die primäre Bezugsperson bleiben und die Erzieherin oder der Erzieher die sekundäre?

Scheint es nicht vielmehr wahrscheinlicher, dass primäre und sekundäre Bezugsperson umso mehr die Plätze tauschen werden, je mehr das Kind zur Freizeitbeschäftigung verkommt? In vielen Fällen ist der Rollentausch zwischen

Eltern und Erziehern ja offenbar schon jetzt erwünscht, nämlich bei all den Menschen, denen wir inzwischen die Fähigkeit zur Betreuung der eigenen Kinder absprechen – die wir sogar als Gefahr für die eigenen Kinder ansehen.

Wollen wir denn wirklich nur noch sekundäre Bezugsperson sein?

Es würde sich ja mal lohnen, nachzumessen, wie viel Zeit Vater oder Mutter und Kind vor vierzig Jahren miteinander verbracht haben und wie lange heute mindestens zwei Familienmitglieder zusammen sind. Das Ergebnis wäre sicher erschreckend: eine Kurve, die stetig nach unten weist. Gemeinsam essen? Keine Zeit, wegen der Märkte – aber dafür gibt es ja die neue Mensa in der Schule. Gemeinsam Hausaufgaben machen? Geht nicht, wegen der Anleger – aber dafür gibt es ja die Nachmittagsbetreuung. Gemeinsam spielen? Nix da, sonst verliere ich noch meine Unabhängigkeit – aber dafür gibt es ja den Ganztagskindergarten. Eine Geschichte vor dem Schlafengehen? Passt zurzeit nicht wirklich, wegen der Schichtarbeit – aber dafür gibt es ja die 24-Stunden-Kita. Gemeinsam singen? Zu unproduktiv – aber dafür gibt es ja den Violinenunterricht. Gemeinsam am Strand herumtollen? Ungern, *wenigstens* im Urlaub möchte man *mal* seine Ruhe haben – aber dafür gibt es ja den Mini-Klub, mit – Sie haben es erraten – umfassender Kinderbetreuung.

Ist denn das wirklich nur Norbert Blüm und mir aufgefallen? Wir sind dabei, uns stetig weiter von unseren Kindern zu entfernen! Und wir stemmen uns nicht einmal gegen diesen Trend. Ganz im Gegenteil: Die Fremdbetreuung wird immer weiter ausgebaut, immer weiter ausgedehnt. Immer früher sollen die Kleinen weg und immer länger. Maßstab für die moderne und gelungene Familienpolitik scheint offenbar die Zeit zu sein, die man – aus voller Überzeugung – *nicht* miteinander verbringt.

Denn in einem Punkt irrt Herr Blüm ja, wie Sie schon erfahren haben: Auch die Schlafzeit ist längst nicht mehr fest in Händen der Familie.

Auch in Deutschland gibt es schon Kitas, die auch am Wochenende geöffnet haben. Es gibt Kitas mit Übernachtungsmöglichkeit. Bedenken gegen eine allzu große Entfremdung scheinen aber auch in der Kita „Schnatterenten“ in Brandenburg nicht aufzutreten. Auf die Frage einer Reporterin von Brigitte.de, ob denn da nicht die Gefahr bestehe, „dass manche Kinder zu Dauergästen werden“, versichert die Leiterin Marlies Helsing: „Nein, wir achten darauf, dass die Kinder, die über Nacht bei uns sind, zwischendurch mindestens für mehrere Stunden nach Hause gehen.“

Wie jetzt? Gleich mehrere Stunden? Na hoffentlich bekommt das Kind dann nicht eine Überdosis Familie …

Verzeihen Sie mir bitte die Polemik – aber kommt Ihnen denn nicht auch das Gruseln, wenn Sie diese Strategie konsequent zu Ende denken? Mir jedenfalls wird angst und bange, wenn ich mich in die Lage von Kindern versetze, die zwischendurch immer mal wieder nach Hause dürfen.

Soll das das schöne, neue Familienbild sein?

Oft wird ja propagiert, die Kinderbetreuung schaffe mehr persönliche Freiheit. Sie kann aber genauso schnell genau das Gegenteil bewirken. Hätten wir das perfekte System – die Märkte und die Anleger würden es bestimmt begeistert aufnehmen. Damit würden aber auch der wirtschaftliche und gesellschaftliche Druck auf diejenigen, die sich noch selbst kümmern wollen, noch stärker werden als sie ohnehin schon sind.

Wer sich eine drei- oder vierjährige Kinderpause gönnt, wird ja schon heute schief angeschaut. Er steht schnell unter Generalverdacht, ein arbeitsscheuer, bildungsferner Hinterwäldler zu sein – ein derartiger Depp, dass man ihm statt des Betreuungsgeldes lieber nur Gutscheine in die Hand gibt, damit er nicht wieder alles gleich für Schnaps und Zigaretten rauswirft. Frauen müssen sich schon heute verteidigen, wenn sie sechs Monate nach der Geburt ihres Kindes nicht wieder am Schreibtisch sitzen. Dieser Druck wird mit dem ungebremsten Ausbau der Betreuung stetig zunehmen.

In der Industrie wäre das ideale Kinderbetreuungssystem rasch „eingepreist", wie man heute sagt. Und der Arbeitnehmer müsste sein Leben wieder ein Stück mehr an der Arbeitswelt ausrichten. Aus der Option würde schnell Muss, aus der Freiheit schnell Konkurrenzdruck: Alle anderen sind nach sechs Monaten wieder da, warum Sie denn nicht? Was, Sie wollen nicht am Wochenende und nachts arbeiten? Wegen der Kinder? Aber da gibt es doch heute schon hervorragende Möglichkeiten …

So manche Rund-um-die-Uhr-Kita wird von Unternehmen gesponsert – im Gegenzug werden die eigenen Angestellten bei der Platzvergabe bevorzugt. So schaffen sich die Firmen eine eigene Kinderbetreuungsinfrastruktur – und Arbeitskräfte, die nun noch flexibler auf die Anforderung der Märkte und der Anleger reagieren können. Die Familie hat sich anzupassen, wenn es sein muss bis zur Selbstaufgabe.

Je mehr junge Menschen ohne jegliche Einschränkung zur Verfügung stehen, desto mehr wird man dann auch diejenigen aus dem Arbeitsleben drängen, die den Fehler begehen, älter als fünfzig Jahre alt zu werden. Die Verdichtung des Lebens zwischen zwanzig und neununddreißig würde noch weiter zunehmen – und damit wohl auch die Anzahl der jungen Burn-out-Patienten. Und die Älteren hätten noch weiter das Nachsehen. Aber einen Menschen bereits mit fünfzig wirtschaftlich abzuschreiben, dann aber erst mit siebenundsechzig oder mehr Jahren in Rente zu schicken, das werden wir uns auf Dauer nicht leisten können.

Auch die ideale Kita ist keine Familie. Sie basiert letztlich auf dem Prinzip, Kinder zu kleinen oder größeren Gruppen zusammenzufassen. Natürlich beteuert heute jedes pädagogische Konzept, es werde auf die individuellen Bedürfnisse des Kindes eingegangen – soweit dies eben im Gruppenrahmen möglich ist. Tatsache ist aber: Je mehr die Kinder-Sammelbetreuung zunimmt, umso mehr nehmen wir auch Individualität und Vielfalt aus der Gesellschaft heraus. Natürlich ist es praktisch, Kinder zu größeren Einheiten zusammenzufassen, dann nehmen sie weniger Platz weg – physikalisch wie ideologisch. Die institutionalisierte Kinderbetreuung produziert allerdings einen weitaus stärker standardisierten Menschentyp als die individuelle.

Wie sehr wir zurzeit schon alle aus demselben Blechnapf fressen, wird erst deutlich, wenn wieder einmal sechstausend Kinder auf einmal an Brechdurchfall leiden – so geschehen im Spätsommer 2012. Es stellte sich heraus, dass alle Erkrankten dasselbe gegessen hatten. Sie alle waren vom selben Caterer versorgt worden, der anscheinend das Ernährungsmonopol für alle Schulen und Kitas im weiten Umkreis genießt. Damit die Märkte nicht nervös werden, hatte die Großküche ihre Erdbeeren als Tiefkühlware bezogen – aus China natürlich, denn derart exotische Früchte sind ja hierzulande anscheinend nirgends zu finden. Der Preisvorteil bei den Erdbeeren hatte aber offenbar mit gewissen Abstrichen bei der Hygiene erkauft werden müssen.

Die gute Nachricht: Die Anleger blieben trotzdem gelassen. Die Brechdurchfall-Epidemie ging Gott sei Dank glimpflich ab, und die Behandlungskosten hätte sowieso die Allgemeinheit tragen müssen. Die Virusepidemie ist aber nichts anderes als ein Symptom für die Schattenseiten der Lebensstandardisierung. Viele Gesundheitsprobleme, die wir heute haben, resultieren aus falscher Ernährung. Und viele ernähren sich falsch, weil sie eben schon sehr früh gelernt haben, dass man nicht selbst das kocht, worauf man Lust hat, sondern das mampft, was einem irgendeine Kantine hinstellt.

Wollen wir nur einmal hoffen, dass die ideologische Kost, die unseren Kindern heute standardmäßig serviert wird, nicht mit ähnlichen importierten oder inländisch produzierten Keimen belastet ist. Hoffen wir, dass die Werte, die Erzieherinnen und Erzieher mitbringen, auch die unseren sind.

Niemand wird nun ernsthaft behaupten, in Kitas werde heute politische Indoktrination betrieben. Niemand wird aber auch bestreiten, dass dies im viel gelobten Kinderbetreuungssystem der DDR geschehen ist. Niemand wird bestreiten, dass die Gefahr eines Missbrauchs der Vertrauensposition Erzieher generell besteht – auch und besonders in einer sehr sensiblen frühkindlichen Entwicklungsphase. Eine institutionalisierte Kinderbetreuung bedeutet immer auch eine stärkere Standardisierung – die eben auch Pluralität aus unserer Gesellschaft herausnehmen wird.

Schon jetzt wird behauptet, Kinder aus Migranten- und Hartz-IV-Familien seien in der Kita besser aufgehoben – weil sie dort zum „richtigen“ Leben umerzogen werden sollen. Dies geschieht in bester Absicht. Aber werden wir auch immer das richtige Augenmaß behalten? Wer bestimmt darüber, welches Gesellschaftsbild nun das richtige ist? Die familienzentrierte Lebensphilosophie vieler Migranten mag uns als falsch und rückständig erscheinen. Aber haben wir denn wirklich das Recht, sie zu bekämpfen?

Dass ich in München geboren bin, habe ich, glaube ich, schon einmal erwähnt. Die bayrische Mundart habe ich in einem „Nur“-Hausfrauen-Haushalt noch unmittelbar überliefert bekommen. An die nächste Generation weitergeben konnte ich sie nicht mehr. Meine Tochter spricht wie die Moderatorin der Tagesschau – Standard-Deutsch eben. Das liegt zum einen daran, dass ich unwillkürlich ins Hochdeutsche verfalle, wenn ich glaube, dass mich mein Gegenüber nicht so ganz versteht. Da habe ich in der Erziehung etwas falsch gemacht. Dass meine Tochter nicht mehr bayrisch spricht, liegt aber vor allem daran, dass sie eben in einem standardisierten Bildungssystem aufgewachsen ist.

Unsere Dialekte wären ja eigentlich ein schützenswertes Kulturgut. Dass sie verschwinden, ist an sich schon traurig genug. Die Sprach-Standardisierung ist aber darüber hinaus auch ein weiteres Symptom dafür, dass Individualität generell aus unserer Gesellschaft verschwindet. Und sie wird umso mehr verschwinden, je umfassender und früher wir unsere Kinderbetreuung institutionalisieren.

Könnte es dann nicht auch sein, dass das oft geforderte U3-Bildungsangebot der eigentliche Fehlanreiz ist?

Wollen wir denn wirklich nicht?

Die drei Jahre mit meinem Sohn habe ich sehr genossen. Wenn ich zurückdenke, waren es drei Jahre auf der Insel der Seligen.

Cornelia, Architektin

Wer schon einmal Kinder großgezogen hat, der weiß, dass das Verhältnis zum Nachwuchs nicht immer ungetrübt ist. Man könnte sogar sagen: Der Kevin kann einem zuweilen gehörig auf den Zeiger gehen. Als Baby hat man ja in erster Linie drei Aufgaben: essen, respektive trinken, schlafen und – ähem – verdauen. Leider können viele Babys genau diese drei Tätigkeiten ausgesprochen schlecht, wohingegen sie im Grimassenschneiden schon von Geburt an wahre Meister zu sein scheinen. „So habe ich mir das nicht vorgestellt“, hat meine Frau damals gesagt.

Begeht man dann den Fehler, im Bekanntenkreis von seinem „Leid“ zu klagen, erntet man im Regelfall die wenig aufmunternde Antwort, das sei ja erst der Anfang, „warte nur, was da alles noch kommt!“ Insofern kann man der Idee der umfassenden Kinderbetreuung gerade in den ersten drei Monaten mit dem ersten Kind durchaus positive Seiten abgewinnen.

Wir sollten der Versuchung widerstehen. Denn wer schon einmal Kinder großgezogen hat, der weiß eben auch von unendlich schönen Erlebnissen zu berichten. Nie werde ich den Moment vergessen, als meine Tochter, auf meinen Schultern sitzend, sich selbst als eigene Person entdeckte, sich immer wieder mit ihrem winzigen Zeigefinger auf die Brust deutete und triumphierend „ich, ich, ich“ flüsterte. Oder als sie beim Umziehen ihren winzigen Socken vor meiner Nase herumwedelte: „Lüften!“ Oder als sie die mitgebrachte Pralinenschachtel zur Mama brachte: „Kannst du aufmacha – Ina kannit!“ Oder als die kleine Prinzessin, in ihrem Kinderwagen sitzend, nach drei Sekunden Wartezeit auf den Lift locker aus dem Handgelenk auf die Armlehne klopfte: „Weida!“

Es wird leider immer wieder implizit wie explizit behauptet, Zeit, die man ausschließlich mit seinen Kindern verbracht hat, sei verlorene Zeit. Das stimmt vielleicht im Hinblick auf die nervösen Märkte und die chronisch unterbezahlten

Anleger. Für die persönliche Weiterentwicklung bietet eine drei- oder vierjährige Kinderpause aber Möglichkeiten, die das rein erwerbs- und spaßorientierte Lebensmodell niemals wird bieten können.

Oft wird beklagt, die Konzentration auf das Kind führe zu einer Verengung des Horizonts auf Wickeltisch und Spielplatz – nur wer arbeite, bleibe geistig auf der Höhe. Dabei manifestiert sich aber doch nichts anderes als unser geradezu religiöser Glaube an die Werte des Kapitalismus. Dort ist Geld der allumfassende Sinnstifter, und die Erwerbsarbeit erscheint als Ziel, dem alles andere unterzuordnen sei. Bildung und persönliche Weiterentwicklung, glauben wir oft, habe nur dann einen Sinn, wenn sie sich in Euro und Cent niederschlage.

Ich selbst habe als freier PR-Redakteur wahrscheinlich einen sehr vielseitigen Job. Dennoch ist das meiste Routine: Mal ist die Übersetzung zu frei, mal ist sie zu wörtlich, manchmal geht es um die Version 3.6.8, mal um das Security-Update 4.32.2. Mal geht es auch um den viel zitierten Kontakt zu anderen Menschen: „*... möchte ich Ihnen ein Pressegespräch zum Thema Glasfaser-Breitbandvernetzung anbieten ... Okay, dann will ich jetzt nicht weiter stören – ich rufe Sie dann morgen noch mal an.*“ Nicht, dass ich darüber unzufrieden wäre, aber könnte es denn nicht auch sein, dass wir die Erwerbsarbeit grotesk überbewerten, um uns selbst wichtiger zu machen als wir sind?

Kinderbetreuung ist ein Vollzeit-Job, der ein Maximum an Einsatz und ein Maximum an Flexibilität verlangt. Kinder entwickeln sich in den ersten drei Jahren geradezu atemberaubend schnell. Das fordert die ganze Frau und den ganzen Mann – und zwar weit mehr, als das die meisten Arbeitsplätze je könnten. So ist es wohl weniger die oft beklagte mangelnde Auslastung, die uns zu schaffen macht, sondern allenfalls fehlende Anerkennung.

Aber mal ehrlich: Bekommt man die denn im Berufsleben? Ich jedenfalls bin jedes Mal heilfroh, wenn ich nach dem Abschluss eines Projektes nichts mehr vom Kunden höre. Nicht geschimpft ist gelobt genug. Feedback bekommt man am ehesten, wenn etwas schief läuft, dann aber dafür umso ausführlicher.

Wenn man es genau nimmt, fehlt vielen Eltern in der Babypause einfach das Geld als Anerkennung. Das ist verständlich, denn wie bereits erwähnt: In unserer neoliberalen Gesellschaft wird auch der größte denkbare gewerbliche Unsinn als Heil bringend erachtet – wenn er nur Geld bringt. Belohnt wird, wer Aktien verkauft, die ihm gar nicht gehören, oder Nahrungsmittel eine Zeit lang vom Markt fernhält, damit er sie danach teurer verkaufen kann.

„Wer Schweine erzieht, ist ein produktives, wer Menschen erzieht, ein unproduktives Mitglied der Gesellschaft", formulierte Friedrich List 1841 als ironische Kritik an der liberalen Nationalökonomie. Dieser Einwurf zielte seinerzeit eher auf den propagierten Vorzug der Produktion gegenüber der Dienstleistung. Er könnte aber auch auf unser derzeitiges Wertesystem angewandt werden.

Dieses Wertesystem ist aber für den Einzelnen nicht ungefährlich. Wer sich ausschließlich über seinen Beruf definiert, könnte sich als Persönlichkeit schnell in Luft auflösen, wenn er einmal durch die Maschen des Systems fallen sollte. Und das kann schneller gehen als man denkt. Die Märkte sind nervös, das wurde in diesem Buch schon einmal dargelegt. Unser derzeitiges Wirtschafts- und Finanzsystem erlebt gerade eine elementare Krise, auch das dürfte den meisten von uns nicht verborgen geblieben sein.

Umso erstaunlicher ist, dass wir unsere produktivsten Jahre, unsere persönliche Entwicklung und unser Familienleben ausschließlich den Märkten und den Anlegern widmen. Wer hier auf eine spätere Anerkennung hofft, der hofft meist vergebens. Fünfzig Prozent des Eigentums in der Welt gehören gerade mal zwei Prozent der Weltbevölkerung. Vieles, was wir auf den Märkten säen, werden nicht wir ernten, sondern nervöse Anleger. Viele Berufswege enden heute nicht mehr auf ihrem Höhepunkt. Das „Humankapital" der Märkte wird permanent verjüngt, ab vierzig beginnt oft schon der Karriereknick.

Wer bewusst zeitweise aus dem Arbeitsleben aussteigt, geht ein Risiko ein, das ist wahr. Er wird aber auch Aspekte seiner Persönlichkeit und seiner Existenz entdecken, die ihm die Märkte und die Anleger niemals werden eröffnen können. Nur wer aussteigt, hat die Chance, seinen persönlichen Lebensschwerpunkt auf einem anderen Niveau zu stabilisieren. Der Hut-Sucher wird das nie schaffen. Er wird immer versuchen, auf dem brüchigen Grat zwischen Familie und Beruf zu balancieren. Er wird wieder und wieder aus dem Gleichgewicht geraten und bald auf der einen, bald auf der anderen Seite herunterfallen. Oft wird er nur die Nachteile beider Welten kennenlernen.

Das Leben hat auch abseits der Märkte einen Sinn. Man kann auch Werte schaffen, die sich nicht in konkreten Quartalszahlen oder Gehaltsüberweisungen widerspiegeln. Sie werden es nicht glauben: Man kann sich auch außerhalb der Arbeitswelt weiterbilden und weiterentwickeln.

Hier begegnet uns mein Garten in einem Untergiesinger Hinterhof zum zweiten Mal. Mir gefällt er unter anderem deswegen so gut, weil er scheinbar zu nichts nütze ist. Dort wächst nichts Essbares, Besucher sind eher selten. Trotz – oder gerade wegen – seiner scheinbaren Zweckfreiheit entwickelt mich mein Garten weiter, als Experimentierfeld, als Herausforderung, als Bestätigung – ganz ohne Geld, ganz ohne Märkte.

In ganz ähnlicher Weise bietet auch der zeitweilige Ausstieg aus dem Erwerbsleben eine einmalige Chance: Nicht nur was Geld bringt oder Spaß macht, kann erfüllend sein. Hier erwirbt man eine Selbstbestätigung der ganz anderen Art. Und diese kann uns über Wasser halten, sollte sich unser derzeitiges Wertesystem einmal als nicht mehr tragfähig erweisen.

Kevin will nach Hause. Und wir sollten mitgehen. Wegen Kevin, aber auch aus ganz und gar eigennützigen Motiven. Nutzen wir diese Chance zur persönlichen Weiterentwicklung – denn wir werden sie später sicher nicht noch einmal bekommen. Wie schnell sind die ersten drei Jahre im Leben eines Menschen vorüber. Zeit, die wir nicht mit unseren Kindern verleben, werden uns auch das dickste Bankkonto, die beste berufliche Position, die sicherste Altersversorgung niemals zurückgeben können.

Erinnerungen an das erste Ich-Erlebnis der eigenen Tochter kann man nicht nachkaufen. Wer als Vollzeit-Mutter und Vollzeit-Vater in die Welt des Rollenspiels eintaucht, wird Faszinierendes entdecken: eine Welt der Fantasie, die den Gedanken unmittelbar zur Wirklichkeit werden lässt, eine Welt der Fantasie, die das Ideal ohne die Last der stofflichen Welt unmittelbar zur Realität erhebt, eine atemberaubende Welt, die uns Erwachsenen längst verschlossen ist. Kevin leiht uns ein ganz klein wenig von seiner unermesslichen Fantasie, er führt uns in eine Welt, die wir längst vergessen glaubten, an Stellen, die für uns sonst unerreichbar wären.

Wollen wir denn wirklich all die wunderbaren Momente einfach herschenken?

Ganz am Anfang des Lebens ist die Zeit, in der uns unsere Kinder am meisten brauchen, aber auch die Zeit, in der wir am meisten an ihnen wachsen können. Wenn wir sie nicht nutzen, um uns auf die Kinder zu konzentrieren, wann wollen wir es dann tun? Bald wird der Kevin in der Ganztagsgruppe des Kindergartens verschwinden. Dann kommt er in die Schule, natürlich mit Nachmittagsbetreuung. Und ehe wir es uns versehen, will Kevin uns bei seiner ersten Isar-Fete schon nicht mehr dabeihaben. Kevin wird die Tür zu seiner Welt schließen – unwiderruflich. „Mensch Papa, bist du peinlich!“, wird er immer öfter sagen. Irgendwann werden wir Kevins Hand loslassen müssen. Das wird schmerzlich sein – umso schmerzlicher, je weniger wir zuvor nach ihr gegriffen haben.

Nutzen wir die Chance – sie kommt nicht wieder.

Lassen wir uns nicht einwickeln

„Sie haben die Kinder beim Schlafen eingewickelt und zugeschnürt, damit sie ruhig bleiben“, schilderte die zuständige Fachdienstleiterin des Landkreises Altenburger Land, Marion Fischer. *„Sie haben ihnen auch Tücher aufs Gesicht gelegt …“*
Focus Online, 16. 11. 2012

In Trossingen ermittelt die Staatsanwaltschaft gegen die ehemalige Leiterin der Kita „Kleine Riesen“. Sie soll Kinder zum Mittagsschlaf in Tücher eingewickelt, fixiert und die Augen verbunden haben. Eine ehemalige Praktikantin bestätigt die Vorwürfe …
Report Mainz, 4. 12. 2012

Dass einem Babys und Kleinkinder zuweilen auf die Nerven gehen können, habe ich schon einmal erwähnt. Insbesondere die Sache mit dem Schlafen – respektive mit dem Nichtschlafen – ist oft ein ernsthaftes Problem. Auch hier bietet die einschlägige Fachliteratur viele Strategien, die manchmal funktionieren, manchmal nicht. (Keine Angst, ich erspare Ihnen mein ganz persönliches Patentrezept.)

„Jedes Kind kann schlafen lernen“, lautet der Titel eines Beratungsbestsellers aus meiner Elternzeit. Stimmt, irgendwann schläft das Kind – die Frage ist halt nur, wie lange das dauert. Wer gerade Kinder von null bis drei hat, weiß sicher, wovon ich rede – und so manchem, der schon einmal ein Kind großgezogen hat, fallen auch Jahre später noch die Augen zu, wenn er an die ersten drei Monate denkt.

Bei den Babys ist das, wie man weiß, ganz anders: Manchmal kann man machen, was man will, die kleinen Äuglein wollen einfach nicht zu bleiben. Das übermüdete Kind wehrt sich verzweifelt gegen das Einschlafen, wie ein Soldat beim Wacheschieben. (Wenn man nur wüsste, was die Kinder so zuverlässig wach hält – mit dem Trick könnte man beim Militär sicher Millionen verdienen.)

Erstaunlich, wie schnell man da an seine physischen und psychischen Grenzen kommt. Kinder, die partout nicht schlafen wollen, verursachen viel Frustration, das habe ich selbst oft genug erlebt. Da muss man wirklich aufpassen, dass einem nicht die gute Laune abhandenkommt – dass einem nicht der Geduldsfaden reißt …

So etwas kann einem Profi natürlich nicht passieren, davon sind heute viele überzeugt. Eine gestandene Erzieherin hat nicht nur in jeder denkbaren Situation eine Engelsgeduld, meinen wir, sondern auch stets ein wissenschaftlich fundiertes Problemlösungskonzept parat. Womit sich wieder einmal alle einig wären: Wo die Eltern zu blindem Aktionismus und Gewaltausbrüchen neigen, hilft – Sie haben es erraten – nur der umfassende Ausbau der Kinderbetreuung.

Könnte es nicht auch sein, dass wir da ein wenig zu sehr idealisieren?

Nein, Erzieherinnen sind keine Übermenschen und auch keine Heiligen. Sie sind Menschen wie du und ich. Sie sind Menschen, die durch ihre berufliche Situation einem ganz besonders hohen Dauerstress ausgesetzt sind – auch und gerade in der U3-Betreuung.

Haben Sie auch schon einmal Nah-Ausrast-Erfahrungen mit Ihrem Sprössling gemacht? Können Sie sich das zumindest gut vorstellen?

Gut. Dann machen wir doch einmal ein kleines meditatives Experiment (jetzt hätte ich beinahe geschrieben: Schließen Sie die Augen). Denken Sie mal an einen, sagen wir einmal – ähem – nicht so angenehmen Tag einer durchschnittlichen Elternkarriere. Das Kind ist schon den ganzen Vormittag quengelig und schlecht gelaunt. Es schreit und schreit – und schreit. Man sieht ihm deutlich an: Es ist übermüdet, „nichts mehr wert“, wie man früher gesagt hat. Klare Sache: Es ist Zeit für das Schläfchen, dann sieht die Welt gleich wieder anders aus.

Aber nichts da: Das Kind schläft nicht. Schläft nicht. Man kann es schaukeln, man kann es herumtragen, man kann singen, man kann die Spieluhr anwerfen, man kann es ignorieren, man kann streng schauen, man kann liebevoll schauen, man kann aus dem Zimmer gehen, man kann im Zimmer bleiben, man kann Fencheltee ausschenken, man kann auch gar nichts machen. Das Resultat ist immer dasselbe: Das Kind schläft nicht. Schläft nicht. Warum, das weiß keiner so genau. Wer noch nicht sprechen kann, kann eben auch nicht sagen, was ihn gerade wach hält. Das Kind schläft nicht. Der Erziehungsberechtigte hingegen hätte an so einem Tag bestimmt keine Schwierigkeiten, in Tiefschlaf zu verfallen …

Sind *Sie* schon eingeschlafen? Das könnte ich jetzt verstehen, denn mich macht schon der Gedanke an solche Tage bleischwer im Kopf. Und wenn man dieses Buch dann auch noch im Bett liest …

Sie sind noch wach? Gut. Dann stellen Sie sich doch jetzt einmal den chronischen Ruhestörer doppelt vor … und jetzt dreifach … und jetzt vier von der Sorte … und jetzt fünf Quengler … jetzt das Geschrei mal sechs … mal sieben … mal siebenmal n, wobei n gleich der Anzahl der gerade wegen Krankheit ausfallenden Kita-Mitarbeiter ist. So, jetzt können Sie sich ungefähr ausmalen, was in einer Kinderkrippe los sein kann, wenn es mal wieder keiner so recht mit dem Schlafen hat – und mit dem Essen – und mit dem brav sein.

Auch wer auf der Fachakademie war, hat dort kein Patentrezept für solche Situationen gelernt – das gibt es nämlich nicht. Auch Erzieherinnen, Kinderpflegerinnen und Tagesmütter können durch Überlastung an ihre Grenzen geraten.

Das Kind schläft nicht. Schläft nicht. Wer das schon einmal erlebt hat, der weiß: Irgendwann tut man alles, damit das Kind doch schläft. Und da gibt es neben dem Fencheltee eben auch noch andere Mittel: das Pucken zum Beispiel. Dabei wird das Kind eng eingewickelt – sehr eng. Ein „gepucktes" Kind kann die Arme nicht mehr bewegen und sonst auch nicht mehr viel. Aber es beruhigt sich nicht selten durch diese Behandlung. Viele Babys finden das angeblich sogar recht behaglich. Studien sollen sogar zeigen, dass die Schreidauer sich dadurch verkürzt. Das Kind beruhigt sich – na also.

Naja – was bleibt ihm denn auch anderes übrig?

Das Pucken von Babys ist nicht verboten und bringt wohl oft auch den gewünschten Erfolg. Unumstritten ist diese milde Form der Freiheitsberaubung allerdings nicht. Die erzwungene Rückenlage könne zu einem abgeplatteten Hinterkopf führen, geben Kritiker zu bedenken. Ob auch gewisse Verflachungen und Deformationen in der kindlichen Psyche entstehen, ist nicht so genau erforscht. Die meisten Eltern wickeln ihr Kind jedenfalls nicht so ein. Und die meisten Eltern würden wohl auch nicht wollen, dass so etwas mit ihrem Kind in der Kita passiert.

Es passiert aber. Und nicht nur das.

Fälle von Kindesmisshandlung in Betreuungseinrichtungen gelangen meist eher zufällig ans Tageslicht: In der Kita „Spatzennest" in Altenburg beobachtete eine Praktikantin, wie Kinder ein wenig zu ausgiebig „gepuckt" wurden: zusammengeschnürt, regelrecht gefesselt. Und weil das zur Beruhigung offenbar noch nicht ausreichte, wurde den Kindern auch noch ein Tuch über das Gesicht gelegt. Wie das aussah, hat der Leiter der Kita für Report Mainz vorgeführt – zum Glück nur an einer Puppe.

Denn was da in Altenburg passiert ist, war schlicht lebensgefährlich. Das Kind hätte in dieser schlimmen Situation auch ersticken können! Wie lange das im „Spatzennest“ schon so ging, wird sich wohl nie klären lassen. Die Täterinnen, „gestandene Erzieherinnen“, waren dort schon seit Längerem beschäftigt, räumt der Träger ein, es habe keinen Grund gegeben, ihnen zu misstrauen.

Neue Fälle tauchen auf – und das, obwohl bisher noch niemand ernsthaft danach gesucht hat. So machten auch die „Little Giants“ in Trossingen Schlagzeilen, wo Eltern kurzerhand den Schlafraum der Kinder enterten – und ihren Nachwuchs ebenfalls zusammengeschnürt vorfanden. Es wird von Fixierungen berichtet und von Zwangsfütterungen.

Extreme Einzelfälle? Ein häufiges Problem? Oder sogar die Regel? Studien zu diesem Thema gibt es nicht, ebenso wenig unangemeldete Kontrollen. Hier offenbart sich ein weiteres Problem der U3-Betreuung. Die unmittelbar Betroffenen können eben leider nicht erzählen, was ihnen da tagsüber so widerfährt. Was in den Kitas genau passiert – wir wissen es schlicht und ergreifend nicht.

Und man wird den Verdacht nicht los, dass viele Verantwortliche das auch gar nicht so genau wissen wollen. Denn – Sie haben es erraten – der umfassende Ausbau der Kinderbetreuung ist heute *der* Indikator für eine fortschrittliche Familienpolitik. Dass damit auch sehr grundsätzliche und das Wohl des Kindes – im Extremfall sogar sein Leben – gefährdende Probleme einhergehen, will so gar nicht in das erstrebenswerte Familienbild passen.

So befürchtet die Deutsche Kinderhilfe denn auch eine hohe Dunkelziffer. Und man fürchtet, dass viele Fälle einfach unter den Teppich gekehrt werden. Der Vorsitzende Georg Ehrmann bringt es auf den Punkt: „Um den Rechtsanspruch auf einen Betreuungsplatz auszuführen, sollen die Qualitätsstandards sogar noch weiter gesenkt werden. Deswegen vertuschen Politik und Träger solche Vorfälle, damit die Quantität nach vorne kommt. Über die Qualität darf nicht gesprochen werden.“

Ich will jetzt keineswegs Erzieherinnen, Kinderpflegerinnen oder Tagesmütter unter Generalverdacht stellen. Ich bin nach wie vor überzeugt, dass die allermeisten Tag für Tag ihr Bestes geben. Aber wie gesagt: Die Rahmenbedingungen sind alles andere als optimal. Auch in der Kita arbeiten nur Menschen, und Menschen können eben auch Fehler machen. Doch gerade im sensiblen U3-Bereich haben diese Fehler eben besonders gravierende Auswirkungen.

Das Beispiel vom Pucken zeigt, dass auch im Kita-Bereich der Übergang von der Erziehungs- und Pflegemaßnahme zur Misshandlung nahezu fließend sein kann. Und selbst wenn der Fehltritt bekannt wird: Viele Eltern werden sich bei weniger gravierenden Übergriffen doch dreimal überlegen, ob sie Anzeige erstatten oder ihr Kind aus der Kita nehmen. Denn Kita-Plätze sind knapp, und die Kinderbetreuung ist fest in die Lebens- und Karriereplanung eingepreist. Da gibt es oft keinen Plan B.

Und da ist sie wieder, die vergebliche Suche nach dem Hut – dieses Mal in einer besonders belastenden Form.

Man stelle sich doch nur einmal das Dilemma vor, in dem sich die betroffenen Eltern unversehens wiederfinden: Wie schlimm ist es denn nun wirklich? Rechtfertigt ein bekannt gewordener Übergriff einen vielleicht monatelangen Berufsausstieg, bis ein neuer Krippenplatz aufgetrieben, bis neues Personal oder vielleicht sogar ein neuer Träger für die Einrichtung gefunden ist? Oder nimmt man das Risiko einfach in Kauf, wegen der Märkte und der Anleger? So schlimm wird's schon nicht gewesen sein – oder vielleicht doch?

Kevin will nach Hause. Und dort ist er nicht nur pädagogisch besser aufgehoben, sondern eben auch sicher vor Übergriffen, die wahrscheinlich selten sind, aber wohl nie vermeidbar.

Warten wir mit dem Kinder-Weggeben doch lieber noch ein wenig – bis der Kevin selbst erzählen kann, was er tagsüber so erlebt.

Wer hat die bessere PR?

Vor allem brauchen Familien Vertrauen und Anerkennung. Und wir sollten für die Familie werben – in gleicher Intensität und Fantasie wie für Waren und Dienstleistungen. Wir brauchen mehr Kinderwachstum, aus dem dann auch Wirtschaftswachstum folgt. Kinder sind unsere Zukunft, auch die Schuldner unserer Kreditverpflichtungen.

Paul Kirchhof, Verfassungsrechtler, Die Welt, 8.9.2012

Bei wem ist ein Kleinkind zwischen ein und drei Jahren tagsüber am besten aufgehoben? Diese Frage stellte das Emnid Institut im Mai einer repräsentativen Stichprobe aus der deutschen Bevölkerung. Das Ergebnis: Gerade einmal 17 Prozent aller Bundesbürger sind der Ansicht, dass eine Kinderkrippe der beste Ort sei.

„Wann ist aus Ihrer Sicht für eine Frau der richtige Zeitpunkt für die Wiederaufnahme der Erwerbstätigkeit nach der Geburt eines Kindes?" Dies fragte die Zeitschrift „Eltern" in einer Forsa-Umfrage im April 2013 junge Eltern. 42 Prozent der Befragten antworteten: „Nach drei Jahren oder später."

Das hat Sie jetzt dann doch ein wenig überrascht, oder? Subjektiv hätte man ja gedacht, die ganze Nation würde inbrünstig nach der U3-Betreuung verlangen. Wie wären denn sonst die überstürzten Ausbaupläne zu erklären?

Die öffentliche Meinung hat man doch irgendwie anders in Erinnerung. Liest man in Nachrichtenmagazinen wie dem Spiegel Artikel zum Thema, scheinen alle derselben Ansicht: Für Eltern und Kinder ist die Fremdbetreuung mit großem Abstand das Beste, auch bei unter Dreijährigen. Bilderstrecke: Zehn Frauen für die U3-Betreuung, ganz klar, eine wirft schüchtern ein, naja unter gewissen Umständen könnte vielleicht ...

U3-Betreuung ist der Konsens, könnte man meinen. Ausnahme ist allenfalls Bayern – aber wahrscheinlich auch nur, weil dort die Kommunikation eben noch per Schuhplattl-Telegrafie oder Info-Jodeln stattfindet. Bis zu Sepp Bierbichler ist die frohe Botschaft wohl noch nicht vorgedrungen. Sonst sind sich aber alle einig, wird uns da suggeriert: Der Kevin – gehört weg, das sagen Arbeitgeber- und

Frauenverbände, das sagt die Politik, das sagt das Volk. Andere Meinungen gibt es zurzeit nicht.

Könnte es nicht auch sein, dass andere Meinungen zurzeit gar nicht so erwünscht sind?

Will man die eigentümliche Diskrepanz zwischen der propagierten „öffentlichen Meinung“ und der Realität verstehen, muss man sich näher mit den Autoren und Beweggründen befassen.

Da sind zunächst einmal die Journalisten selbst. Wer die aktuelle Medienlandschaft näher kennt, weiß, dass gerade ihre Macher wirtschaftlich unter enormem Anpassungsdruck stehen. Sie sind oft „freier Mitarbeiter“, wobei das Wort frei allerdings in der Regel so verstanden wird, dass sich der „Freelancer“ jederzeit zur freien Verfügung zu halten hat – und dass es dem Verlag freisteht, die Rechnung des Freien, nächsten, übernächsten oder überübernächsten Monat zu begleichen. So sind denn auch viele Journalistinnen und Journalisten das, was ich in diesem Buch – zugegebenermaßen etwas provokant – einen „Hut-Sucher“ genannt habe. Sie geben ihre Kinder in die Krippe, nicht zuletzt weil die Honorare nicht üppig sind und die Arbeitszeiten das, was man heute flexibel nennt.

Es liegt nun auf der Hand, dass ein – 'tschuldigung – Hut-Sucher sein eigenes Lebensmodell nicht gerade in seinem eigenen Artikel hinterfragen will. Er wird vielmehr nach Leuten recherchieren, die dafür sind, er wird die Argumente der Gegenseite schnell als „veraltet“ abtun. Er tut dies vielleicht auch in vorauseilendem Gehorsam gegenüber dem fest angestellten Redakteur, der vielleicht auch persönlich nach einer Lösung in der Hut-Frage sucht – und vielleicht sogar gefunden zu haben glaubt.

Da ist die Frauenrechtlerin. Sie sieht ein stetig ausgeweitetes Kinderbetreuungssystem als Grundlage der Emanzipation, und das sicher nicht ganz zu Unrecht. So scheint aus ihrer Sicht nur allzu logisch, dass jemand, der die institutionalisierte Betreuung infrage stellt, nichts anderes will, als in puncto Gleichberechtigung das Rad der Geschichte zurückzudrehen. Da heißt es dagegenhalten.

Da ist der Arbeitgeber. Er sieht Frauen nicht zuletzt als Humankapital. Frauen sind produktiv wie Männer, kosten aber weniger. Frauen machen einen hervorragenden Job, sie können oft schwer nein sagen, deswegen dürfen sie gerne auch ein bisschen früher kommen und ein bisschen später gehen. Der Kevin ist dabei allerdings – irgendwie im Weg. Dass sich der Arbeitgeber in die Reihen der Befürworter der U3-Betreuung einreiht, ist wohl einleuchtend.

Da ist der Politiker. Er hat die Frauen als Wähler im Auge, ebenso die Märkte und die Anleger, den Standort Deutschland. Im Visier hat er aber seinen politischen Gegner. Dieser hat ihm – das ist das Einzige, was man der CSU vorwerfen muss – mit der Forderung nach dem Betreuungsgeld eine saubere Steilvorlage geliefert.

Und diese Steilvorlage wird natürlich prompt verwertet: Querpass über „Herdprämie" rüber zum linken Flügel, auf die Frauenrechtlerin; diese lässt zur Mitte abtropfen über „Vereinbarkeit von Beruf und Familie", hin zum Arbeitgeber. Jetzt nur noch gemeinsam ordentlich draufgeholzt – Tor! Keine Chance für den glücklosen Dobrindt im rechten Kasten. Und er wird bald wieder hinter sich greifen müssen. Denn schon rollt der nächste Angriff, dieses Mal halb rechts mit einer Fünfundzwanzig-Meter-Granate eines bekannten Ausländerspezialisten aus Neukölln. Ein weiterer Treffer im Kreuzeck. Die Masse tobt. Die Medien sind natürlich immer live dabei.

Auffällig ist, dass hier sogar die in ein und derselben Mannschaft spielen, die sonst eher wenig gemeinsam haben. Aber die Abwehr der anderen steht konfus, da ist es auch für mittelmäßige Spieler aller Couleur kein Problem, das Runde ins Eckige zu befördern. Außerdem ist der Schiedsrichter unaufmerksam bis nicht vorhanden, da fallen auch grobe Fouls nicht auf.

Kevin darf das Spiel um seine Zukunft allenfalls von der Tribüne aus beobachten, weil er derzeit noch für keine der Mannschaften als Mitspieler attraktiv ist. Er produziert nichts, investiert nichts und darf nicht wählen. Da kann er noch so oft „Spielstopp" schreien – hören will ihn in der Hut-Sucher-Fankurve so recht keiner. Kevin will nach Hause. Aber seine PR – das ist das Einzige, was man ihm vorwerfen kann – seine PR ist saumäßig. Lediglich ein unerschrockener FAZ-Journalist hat sich in die bayrische Diaspora gewagt und mal ein paar Betroffene gefragt – kann man machen …

Die Propagandamaschinerie der Hut-Sucher läuft dagegen wie geschmiert. Und sie entwickelt schnell eine Eigendynamik. Auch Redakteure und Verlage sind permanent auf der Suche nach Material, das einen scheinbar offensichtlichen gesellschaftlichen Trend bestätigt: Kevin soll eben *nicht* nach Hause. Punkt.

Wir erinnern uns: Ähnlich erfolgreich ist uns seinerzeit auch die Demontage des Sozialstaats in der Agenda 2010 verkauft worden: als längst fällige Reform, allgemein akzeptiert, alternativlos, für Wirtschaft und Gesellschaft gleichermaßen segensreich. In Nachhinein wissen wir: Die konsequente Umsetzung neoliberaler

Positionen mag uns gesamtökonomisch weitergebracht haben – ein gesellschaftlicher Gewinn war sie sicher nicht. In jedem Fall waren die „Reformen“ aber auch ein Erfolg guter Öffentlichkeitsarbeit. Ein ähnlicher Scheinkonsens ist derzeit auch in der Familienpolitik zu beobachten.

Könnte es nicht auch sein, dass wir wieder einmal den Betroffenen aus den Augen verloren haben?

Nein, das In-Frage-Stellen der U3-Betreuung ist kein böswilliges Attentat auf die Frau als solche, auch wenn man das uns immer wieder weismachen will. Unsere Gesellschaft hat sich mittlerweile weiterentwickelt. Kinderbetreuung geht heute Gott sei Dank alle an. Sie bietet auch den Männern die Chance, das eigene Kind zu erleben und damit auch unser aller Zukunft mitzugestalten. Den Kevin gegen seine eigene Mutter zu instrumentalisieren, ist ein übles PR-Foul, dem wir die Rote Karte zeigen sollten.

Nein, als Arbeitgeber tut man sich keinen Gefallen, wenn man die Jungen in eine für Viele unerträgliche Doppelbelastung zwingt und die Älteren dafür links liegen lässt. Die Zahl derer, die dem Druck nicht standhalten und krank werden, steigt stetig. Das kann nicht im Sinne der Wirtschaft sein. Die zu hohe Verdichtung der ersten Lebenshälfte muss entzerrt werden, wollen wir die Ressourcen unserer Gesellschaft optimal nutzen.

Bleibt also die Frage, wem denn nun der Propaganda-Feldzug genutzt hat. Dem Kevin sicher nicht, den Frauen auch nicht, der Wirtschaft ebenso wenig. Und wenn mich einer fragt: Politisch hat die U3-Viererkette mit ihrer verengenden, unqualifizierten Diskussion hauptsächlich Eigentore geschossen.

Auch wer dem Lebensmodell der eigenverantwortlichen Kinderbetreuung nichts abgewinnen kann, sollte fair bleiben. Er sollte nicht verächtlich auf die herabblicken, die ihr Leben für einen gewissen Zeitraum ausschließlich ihren Kindern widmen wollen. Er sollte nicht die Erziehungskompetenz derer anzweifeln, die beruflich nicht erfolgreich sind, er sollte nicht versuchen, Keile in die Mitte von Migrantenfamilien zu treiben.

Wer sich aber bewusst für ein Leben mit seinen Kindern entschieden hat, der sollte wissen: Er ist nicht allein. Er sollte Selbstbewusstsein beweisen und seinen Standpunkt vertreten – konsequent wie die U3-Befürworter, nur ein wenig sachlicher. Er sollte sich nicht widerstandslos diffamieren lassen. Er sollte seine Stimme erheben, auch und gerade in den Medien. Er sollte sich organisieren und zu einer öffentlich besser wahrnehmbaren Größe werden.

Kevin will nach Hause

... neueste wissenschaftliche Erkenntnisse belegen: Krippenerziehung war und ist Risikoerziehung. Wenn Krippenbetreuung unvermeidlich ist, sollte ein Betreuungsschlüssel von drei Babys/Kleinstkindern pro Erzieherin und eine mehrmonatige Eingewöhnungszeit mit der Mutter gewährleistet sein.
Wir appellieren an die Gesellschaft, Mütter und Väter in dem entscheidenden primären Bindungsprozess mit ihrem Kind zu unterstützen. Der Staat ist aufgefordert, Eltern und Kindern genügend Zeit und Geld zu belassen, bzw. zur Verfügung zu stellen, um jedem Kind die ersten drei Lebensjahre in seiner Familie zu ermöglichen.

Aus dem Frankfurter Appell zum Kindeswohl

Prof. Dr. Johannes Pechstein
Sir Richard Bowlby
Prof. Dr. Gordon Neufeld
Dr. Steve Biddulph
Prof. Dr. Dr. h.c. mult. Theodor Hellbrügge
Prof. Dr. Thomas Schirrmacher
Dr. Karin Jäckel
Dr. Albin Nees
Dr. Jirina Prekop

Was? Da soll ich dann in eine ganz andere Familie? Die ich gar nicht kenne? Nach Finnland? Welcher Hirng'schtörte hat sich denn das wieder ausgedacht?
Christoph, 10, zum Thema Schüleraustausch

Keine Angst, ich will Ihnen jetzt nicht auch noch den Schüleraustausch madig machen. Christophs Zitat wollte ich nur auch mal untergebracht haben, vor allem weil es mir so gut gefällt. Es zeigt allerdings auch, dass unsere zahlreichen Verschickungsoptionen bei den „Begünstigten“ nicht immer so beliebt sind, wie wir meinen.

Und so kommen wir bereits zur letzten Statistik in diesem Buch: 96 Prozent aller Vier- bis Fünfjährigen gehen in Deutschland in einen Kindergarten. Und das ist gut so. In diesem Alter gehen Kinder im Allgemeinen gerne dorthin, weil man dort seinesgleichen trifft, weil es dort meistens ausgesprochen zünftig ist, wie man im Süden sagt. Im Kindergarten wird man außerdem langsam, aber sicher an die Anforderungen der Schule herangeführt und lernt, Rücksicht auf andere zu nehmen. Man erfährt, dass hinter der Verlustangst auch schon ein kleines Stückchen Eigenständigkeit wartet.

Ein Stück mehr Freiheit bringt der Kindergarten auch für die Eltern. Die Erziehungsberechtigten lernen, dass ihr Kind auch mal ganz gut ohne sie auskommt. Der Kindergarten ist eine familienergänzende Einrichtung, das ist wohl wahr.

Dieses System möchte ich in diesem Buch keineswegs anzweifeln. Kinder rein im Mikrokosmos der Familie aufzuziehen, wäre in unserer modernen und hochgradig vernetzten Gesellschaft auch nicht so ganz unproblematisch. Erzieherinnen und Erzieher leisten im Kindergarten tagtäglich hervorragende Arbeit, was, auch angesichts der nicht gerade fürstlichen Bezahlung, unser aller Anerkennung verdient.

Daraus sollte man doch aber keineswegs folgern, dass eine schier beliebige Ausweitung des Kinderbetreuungssystems auch schier beliebig viele Vorteile bietet. Der Kindergarten ist eine familien*ergänzende* Einrichtung. Wir sind aber auf dem besten Weg dazu, ihn in eine familien*ersetzende* umzufunktionieren.

Dabei überschreiten wir leichtfertig die Grenzen der kindlichen Entwicklung.

Verantwortungsbewusste Erzieherinnen geben schon heute zu bedenken, dass ein ganzer Tag im Kindergarten für das Kind lang ist – für viele zu lang. Viele plädieren daher zunächst für einen Halbtagsplatz. Nicht jedes Kind kommt mit dem Trubel einer großen Gruppe gut zurecht. Eine Ausweitung der Betreuung über Nacht oder gar über mehrere Tage markiert aber in jedem Fall eine Grenzüberschreitung bei dem, was für das Kind und die Familie gut ist.

Was für Vier- oder Fünfjährige gut ist, muss für ein acht Monate altes Baby noch lange nicht segensreich sein. Ganz im Gegenteil. Kinder können unter drei Jahren kaum kooperativ spielen, sie profitieren nicht von der Gruppensituation. Heute gilt eine U3-Betreuung zwar als entwicklungspsychologisch weitgehend unproblematisch – allerdings nur, wenn es gelingt, zur sekundären Bezugsperson ein sehr inniges Verhältnis aufzubauen. Gelingt dies nicht, *ist* die U3-Betreuung ein klarer Risikofaktor für die Psyche des Kindes.

Dass die Integration gelingt, scheint allerdings mehr als unwahrscheinlich. Das System leidet bereits jetzt an einem erheblichen Personalmangel. Kaum eine Kindertagesstätte entspricht den geforderten Standards. Dieses Problem wird sich durch die übereilte Entscheidung für einen Rechtsanspruch auf U3-Betreuung eher noch verschärfen. Die ohnehin knappen Ressourcen werden auf ein erweitertes System ausgedünnt. Das wird zwangsläufig zu größeren Gruppen und niedrigeren Personalstandards führen. Zu erwarten sind Riesen-Kitas mit mehreren hundert Plätzen und Mitarbeiter, die gar keine oder nur eine sehr oberflächliche Ausbildung besitzen.

Eine enge emotionale Bindung an die Erzieherin oder den Erzieher als sekundäre Bezugsperson wird eher die Ausnahme als die Regel sein. Die Qualität einer Betreuungseinrichtung wie auch des Personals zu beurteilen, ist für Außenstehende schwierig. Mangels Alternativen wird man gezwungen sein, jeden U3-Betreuungsplatz anzunehmen.

Wissenschaftlich ist belegbar, dass der Aufenthalt in einer Kita eine Stresssituation darstellt.

Übergriffe und Misshandlungen bei der Kinderbetreuung, die zuweilen sogar die Gesundheit des Kindes unmittelbar gefährden, bleiben oft unerkannt. Sie werden heruntergespielt oder vertuscht. Die wenigen publik gewordenen Fälle könnten nur die Spitze des Eisbergs sein.

Berücksichtigt man all diese Faktoren, muss man davon ausgehen, dass eine Unterbringung von Kindern unter drei Jahren im deutschen Betreuungssystem als Risiko für die Entwicklung des Kindes einzustufen ist. Ob ein Kind die Betreuungssituation akzeptiert oder unter ihr leidet, ist schwierig zu beurteilen. Nicht zuletzt unter diesem Aspekt muss man eine U3-Betreuung generell äußerst kritisch betrachten. Eine Besserung zumindest der materiellen und personellen Situation ist angesichts der Finanzlage der öffentlichen Hand in absehbarer Zeit nicht zu erwarten.

Die oft für die U3-Betreuung ins Feld geführten Argumente halten einer kritischen Prüfung, insbesondere aus der Sicht des betroffenen Kindes, nicht stand. U3-Betreuung mag sicherlich der Wirtschaft dienen oder den Interessen der Erwachsenen. Diese Faktoren müssen allerdings immer hinter dem potenziellen Risiko zurückstehen. Auch der Aspekt der frühkindlichen Bildung ist – zumindest für Kinder unter drei Jahren – höchst umstritten. Sie kann nutzen, sie wird oft eher schaden, ein Argument für die Kita ist sie sicher nicht.

Selbst eine optimal organisierte Kinderbetreuung würde die Probleme nicht lösen, sondern eher verstärken. Je perfekter eine U3-Betreuung funktioniert, desto mehr verlagert sich auch der Lebensschwerpunkt des Kindes aus der Familie heraus. Eine Auseinandersozialisierung von Eltern und Kindern, eine kontinuierliche Verringerung der gemeinsam verlebten Zeit, kann aber nicht das Ziel einer vernünftigen Familienpolitik sein.

Auch eine optimal organisierte Kinderbetreuung kann prinzipbedingt nicht verhindern, dass Individualität aus der Gesellschaft verschwindet. Die Institutionalisierung der frühkindlichen Erziehung birgt nicht zuletzt auch das Risiko des ideologischen Missbrauchs.

U3-Betreuung ist ein Fehlanreiz. Sie verspricht jungen Eltern mehr Freiheit, zwingt sie aber in einen permanenten Zwiespalt, Unvereinbares zu vereinen, das Eine zu tun, ohne das Andere zu lassen. Dies verhindert eine persönliche Neudefinition außerhalb der Berufswelt, die angesichts dringend erforderlicher und unmittelbar bevorstehender Umwälzungen in unserem Wirtschaftssystem eigentlich wünschenswert wäre.

Die Gefahr, sich physisch und vor allem psychisch zu überlasten, ist erheblich, das beweisen Statistiken. Die Zahl der Burn-outs steigt trotz – oder vielleicht sogar wegen der U3-Kinderbetreuung. U3-Betreuung ist ein Fehlanreiz. Sie schafft die Voraussetzung für eine zu starke Verdichtung der Anforderungen in der ersten Lebenshälfte und damit auch zwangläufig die Grundlage für die Ausgrenzung Älterer aus dem Arbeitsleben.

Warum sollten sich Arbeitgeber um familienfreundliche Teilzeitarbeitsplätze kümmern oder Konzepte für den Wiedereinstieg anbieten, wenn wir gleichzeitig ein hochsubventioniertes und flächendeckendes Fremdbetreuungssystem anbieten?

U3-Betreuung ist ein Fehlanreiz. Sie verleitet dazu, ohnehin gesellschaftlich Ausgegrenzte auch noch von ihren eigenen Kindern zu separieren. Sie verleitet dazu, bestehende Familienstrukturen anzugreifen, weil sie der, so wird propagiert, allgemein akzeptierten Norm nicht entsprechen.

Der scheinbare Konsens über die Vorzüge der U3-Betreuung spiegelt die tatsächlichen Meinungsverhältnisse nicht wider. Die Befürworter berichten tendenziell, sie instrumentalisieren nicht selten unzulässige Klischees oder latente Ängste, um ihre Interessen durchzusetzen – Interessen, die sicher nicht die der unmittelbar Betroffenen sind, unserer Kinder.

So, das hat's jetzt mal gebraucht. Sie sehen: Die Sache ist ernst, deswegen ist mir im letzten Kapitel meines Buches auch ein wenig der Humor ausgegangen.

Dieses Buch wird den weiteren Ausbau des U3-Betreuungssystems und der Fremdbetreuung über Nacht und am Wochenende sicher nicht verhindern. Dass eine U3-Betreuung generell angeboten wird, will ich hier auch nicht verteufeln. Schon immer hat es Lebenssituationen gegeben, die die Fremdunterbringung unumgänglich machen, und es wird sie – leider – auch in Zukunft geben.

Die U3-Betreuung wird eingeführt und ausgeweitet, das ist beschlossene Sache. Aber ich glaube, wir sollten auf sie nur in echten persönlichen und familiären Extremsituationen zurückgreifen. Sie sollte die Ausnahme bleiben, nicht die Regel werden. U3-Betreuung ist keineswegs ein Wert an sich, sie ist mitnichten ein Indikator für eine moderne und lebenswerte Gesellschaft – ganz im Gegenteil.

Kevin will nach Hause. Wir müssen endlich wieder für ihn Platz schaffen – in unserer Gesellschaft, in unserem Leben. Wir müssen die Märkte und Anleger aus der Familie hinausbefördern, nicht unsere Kinder. Kevin hat in einer für ihn entscheidenden Entwicklungsphase ein Recht darauf, dass *er* der Mittelpunkt wird, nicht Gleichberechtigung, nicht die Märkte, nicht die Anleger, nicht die Arbeitswelt, nicht die Ideologie. Kevin will nach Hause. Und wir müssen aufhören, ihn als Belastung zu sehen. Wir müssen ihn als eine Bereicherung verstehen, die wir – auch aus ganz eigennützigen Gründen - auskosten wollen. Wir müssen ihn als Chance sehen, unserem Selbstverständnis ein zweites Standbein zu verleihen – ein Standbein, das uns aufrecht hält, auch wenn unsere ökonomische Basis wankt.

Kevin will nach Hause. Und wir sollten endlich auch nach Hause – zumindest für drei oder vier Jahre. Dafür lohnt es sich, auf Geld und Wohlstand zu verzichten. Dafür lohnt es sich, gesellschaftlichen Status aufzugeben. Dafür lohnt es sich, öffentlich seine Stimme zu erheben.

Dafür lohnt es sich zu leben.

Versöhnlicher Ausklang

„So!“, sagt man in Bayern oft bei der Arbeit. Je nach Betonung kann das den erfolgreichen Abschluss einer Tätigkeit begleiten, aber auch den Beginn einer neuen.

So! Jetzt hätten wir die sachliche Ebene eines ebenso vielschichtigen wie verzwickten gesellschaftlichen Problems abgehandelt. Mit diesem Buch habe ich mir sicher nicht nur Freunde gemacht. Nicht nur, weil ich hier gegen den Strom schwimme.

Wer seine Kinder heute in eine Kita gibt, wird dafür sicher gute Gründe haben, und es steht mir nicht zu, anderen Leuten Vorschriften zu machen, wie sie denn nun ihr persönliches Familienleben zu gestalten haben und wie nicht. Dennoch möchte ich – muss ich – mit diesem Buch meinen Diskussionsbeitrag liefern – eine Provokation, die vielen ein Dorn im Auge sein wird, die aber vielleicht auch so manchem aus dem Herzen sprechen dürfte, so wie sie mir aus dem Herzen spricht.

Verzeihen Sie mir, wenn vieles ein wenig polemisch geraten ist, wenn ich mich über „Hut-Sucher“ lustig gemacht habe, über Anleger und Politiker. Sehen Sie darüber hinweg, dass vieles überspitzt formuliert ist und vielleicht ein bisschen zu distanziert erscheint. Das liegt nicht nur daran, dass ich als Fachjournalist unzählige rein analytische Texte geschrieben habe.

Vielleicht wollte ich mich nur selbst schützen, weil mich dieses Thema eben sehr persönlich berührt.

Oft versuche ich, mich klein zu machen, versuche die Welt mit Kinderaugen zu sehen – aber das können halt nur die Kinder selbst. Oft schaue ich mir die Menschen an, die Eltern, die Kinder. Es macht mich traurig, wenn ich erlebe, wie wir uns scheinbar unaufhaltsam voneinander wegbewegen. Es macht mich traurig, wenn wir uns vorlügen müssen, das sei doch für alle das Beste. Es macht mich traurig, wenn die Menschen nicht das erleben können, was sie erleben wollen. Ich mache mir Sorgen: Was werden kommende Generationen über uns und unsere Familienpolitik sagen?

Aber es macht mich auch froh, wenn ich sehe, wie normal unsere Kinder geblieben sind, wie viel Freude Groß und Klein immer noch zusammen haben. Es macht mich froh, dass viele sich nach wie vor gegen den Zeitgeist stemmen, dass sie bewusst mit ihren Kindern leben und dabei viele persönliche Nachteile in Kauf nehmen.

So! Jetzt vergessen wir doch einmal all' die rationalen Argumente.

Warum wollen wir denn Kinder haben? Nicht, weil wir sie so oft wie möglich woanders unterbringen wollen, nicht, weil wir Probleme vermeiden wollen, nicht, weil wir trotz Kind genau so weitermachen wollen wie vorher. Kinder wollen wir, weil sie unser Leben durcheinanderwirbeln, weil sie uns aufmischen, uns vor sich hertreiben, uns fertigmachen und wieder aufbauen. Weil sie lieb sind und störrisch, weil sie uns zur Weißglut bringen, weil sie uns Momente des völligen Glücks bescheren – weil wir durch sie das Leben wieder spüren, so intensiv wie niemals zuvor.

Was wären wir denn ohne die kleinen Freigeister, Naseweise, Egoisten, Spaßworterfinder, Schultersitzer, Weltbestauner, Dreckigmacher und Handhalter? Was wären wir denn, ohne den permanenten Neubeginn, zu dem uns die Natur immer wieder zwingt?

Wo wäre ich heute, ohne die Jahre mit meiner Tochter? Wo wäre das Leben geblieben? Die schwierigen Zeiten habe ich vergessen, das liegt wohl in der Natur der Sache, aber die schönen Erinnerungen, die halte ich ganz fest – in Fotoalben und in meinem Gedächtnis. Dieses Glück kann mir niemand mehr nehmen.

Deshalb möchte ich dieses Glück mit allen teilen. Wir alle sollten uns unsere Kinder gönnen. Sie sind das letzte große Abenteuer der heutigen Zeit, habe ich mal gelesen. Kinder gibt es garantiert nicht ohne Risiken und Nebenwirkungen. Aber gerade darin, in einer neuen Lebensperspektive, liegt der Reiz, der persönliche Gewinn.

„Jedem Anfang wohnt ein Zauber inne", heißt es in meinem Lieblingsgedicht. Gönnen wir uns allen diesen Neuanfang. Den Müttern ebenso wie den Vätern. Den Alleinerziehenden ebenso wie den Familien, den Hochqualifizierten ebenso wie den Bildungsfremden, den Migranten ebenso wie den Deutschstämmigen.

Ich habe für dieses Buch eine Menge Fakten zusammengetragen – weil man das heute eben so macht, weil man für eine fundierte Diskussion und eine fundierte

Entscheidung eben Argumente braucht. Aber mal ehrlich: Braucht es denn wirklich Statistiken und wissenschaftliche Studien?

Egal, ob Sie dieses Buch mit viel Kopfschütteln gelesen haben, mit „ja, aber“ oder mit „ja, genau“. Vergessen Sie doch für einen Moment alles, was Sie bislang zu diesem Thema gehört haben. Und dann hören Sie tief in sich hinein.

Und Sie werden feststellen:

Der einzige Grund für Kinder ist die Freude am Leben.

Peter Fenkart

Wurzeln des Seins

Grundlagen eines erfüllten Lebens

Schenken Sie Ihrem Leben mehr Sinn und Erfüllung.

Genügt es Ihnen, dem Ideal eines sorgenfreien und bequemen Lebens nachzujagen? Lohnt es sich für Sie, morgens aufzustehen, sich täglich abzustrampeln, in der Freizeit ausgiebig zu konsumieren und sich die Zeit zu vertreiben?

Wenn Sie mehr von Ihrem Leben erwarten, dann kann Sie dieses Buch inspirieren.

Hardcover

ISBN 978-3941527-18-8

19,95 €